Essen to go

einfach gut leben

Essen to go

Selbstgemacht und köstlich
Ideal zum Mitnehmen

Martina Schurich

Dort-Hagenhausen-Verlag

Inhalt

Vorwort

Ich verbringe etwa die Hälfte des Jahres in Österreich, während der anderen Jahreshälfte lebe ich in England. Anders als hierzulande spielt bei den Briten ein warmes Abendessen die Hauptrolle. Mittags bevorzugt man leichte Snacks wie ein Sandwich oder eine Suppe. Diese Mahlzeiten sind in England an jeder Straßenecke und in jedem Supermarkt erhältlich, und zwar in recht guter Qualität. Es ist aber auch weit verbreitet, sich zum Mittagessen ein „Lunchpaket" von zu Hause mitzunehmen. In Österreich und Deutschland schien mir die mittägliche Versorgung mit einer qualitativ guten und gleichzeitig schnellen und warmen Mahlzeit dagegen schwierig zu sein: Ein Mittagessen mitzunehmen ist hier (noch) unüblich und immer nur Wurstbrötchen, Döner oder Pizza – das ist für die meisten Menschen auf Dauer eintönig und unbefriedigend. Weil viele das spüren, ist das „Essen to go" nun auch bei uns groß im Kommen!

Da ich die Essgewohnheiten in verschiedenen Ländern schon seit Jahren intensiv beobachte, startete ich im Sommer 2012 ein privates Experiment: Fünf Monate lang habe ich jeden Mittag für Freunde und Bekannte in Salzburg gekocht. Ich wollte mehr über ihr Essverhalten erfahren: Was essen berufstätige Menschen hierzulande mittags am liebsten? Welche Speisen sättigen auf unbeschwerte Weise, sind leicht zubereitet und sorgen dennoch für Genuss und Zufriedenheit?

Schon nach wenigen Wochen meines Kochprojektes wurden die wichtigsten Vorstellungen meiner Gäste deutlich: es sollte ein warmes, ausgewogenes und abwechslungsreiches Mittagessen sein. Ich passte meine Rezepte nach und nach den aufkommenden Wünschen an. Zu meinen überwiegend vegetarischen Gerichten bekam ich das Feedback, dass meine Gäste sich gut gesättigt fühlten. Sie kämen energiereicher als sonst durch den Nachmittag, ohne von Müdigkeit und dem sonst üblichen Heißhunger auf Energie in Form von Schokolade „überfallen" zu werden. Von allen Teilnehmern durfte ich zudem erfahren, dass meine Gerichte so „simpel" wären und gleichzeitig immer eine geschmackliche Überraschung bieten würden. Jetzt war ich motiviert dazu, weitere kulinarische Ideen zu entwickeln und auszuprobieren. Daraus ist nun dieses Buch entstanden: mit einfachen und schnell zubereiteten, aber qualitativ guten und leckeren Mahlzeiten, die sich gut einpacken und transportieren lassen. Ich wünsche Ihnen viel Freude und Genuss mit meinem „Essen to go"!

Martina Schurich, Salzburg im Frühjahr 2014

Essen für unterwegs

Mobile Mahlzeiten

In Indien ist es selbstverständlich, am Arbeitsplatz ein selbst gekochtes Mittagessen zu sich zu nehmen. Dafür ist ein bemerkenswertes Transportsystem entstanden: Die Zusteller, die das Essen per Zug, Fahrrad, Handkarren oder auf dem Kopf quer durch indische Großstädte bugsieren, heißen „Dabbawalas". In Kannen, Tüten, Taschen und vor allem in mehrteiligen Henkelboxen („Dabbas") werden Mahlzeiten transportiert, die am selben Tag frisch zu Hause gekocht wurden. Weil das Essen früh morgens noch nicht fertig ist, wenn die Angestellten aus dem Haus gehen und um es nicht selbst tragen zu müssen, wird jedes Essen von den Dabbawalas zum jeweiligen Familienangehörigen gebracht. Das ausgeklügelte System besteht schon seit mehr als hundert Jahren; Irrläufer sind ausgesprochen selten.

Und wie sieht es bei uns in Mitteleuropa aus? Die einen tun es, die anderen nicht mehr – vom Mittagessen ist die Rede. Dabei handelt es sich um die bei uns übliche warme Hauptmahlzeit, die noch bis vor einigen Jahren meist gemeinsam im Familienkreis eingenommen wurde. Heute ist unsere Esskultur im Wandel, die mittägliche Hauptmahlzeit wird oft außer Haus konsumiert. Das gängige Angebot an Fast Food und die oft fantasielos belegten Brötchen vom Bäcker bieten auf Dauer keine befriedigende Lösung. Meist sind die Mittagspausen aber zu kurz, um sich auf den Weg zu den selteneren, aber genussvollen Alternativen wie beispielsweise Suppen- oder Salatbars zu machen. Zudem können es sich nur wenige leisten, jeden Mittag essen zu gehen. Die

Gastronomie passt sich den veränderten Lebensumständen an: Günstige, kurzfristige Sattmacher werden uns an jeder Ecke aufgedrängt. Verführerisch gaukelt uns das Zusammenspiel aus Fett und Kohlehydraten in unwiderstehlicher Form vor, unseren Hunger stillen zu können. Da passiert es häufig, dass wir uns doch wieder lustlos und schnell etwas „auf die Hand" holen oder das Mittagessen ganz ausfällt – der Appetit wird dann nachmittags mit Süßigkeiten abgefüttert.

Dennoch gehören zu unserer Esskultur seit jeher drei Mahlzeiten am Tag und ein warmes Mittagessen – dieses Bedürfnis ist trotz der veränderten Lebensumstände tief in uns verankert. Ebenso deutlich ist in unserer heutigen Gesellschaft der Wunsch nach einer gesunden Ernährung vorhanden, dieser Trend hat sich in den letzten Jahren noch weiter verstärkt. Die persönlichen Erfahrungen aus meinem Kochprojekt (siehe Seite 6) werden von einer Forsa-Studie bestätigt: Das Mittagessen ist für die meisten Berufstätigen immer noch sehr wichtig. Ein Drittel der Befragten meint jedoch, dass eine gesunde Ernährung während der Arbeit nicht möglich sei. Aus Mangel an Zeit und aufgrund einer unbefriedigenden Auswahl verzichten daher viele Menschen auf das Mittagessen, so auch die Studie.

Für diese weit auseinanderklaffende Schere zwischen Nachfrage und Angebot wäre sicher das Vorbild der Dabbawalas aus Indien eine Lösung. Mit ein wenig Vorbereitung am eigenen Herd und ein paar geeigneten Behältern können wir dieses „Problem" jedoch auch selbst lösen und unser eigenhändig gekochtes Mittagessen mit zur Arbeit nehmen. Jeder hat die Freiheit, seine Mittagspause zu gestalten. Dazu gehört in erster Linie ein Mittagessen, das uns schmeckt und guttut. Die aktuelle Umbruchphase in unserer Esskultur gibt uns die Möglichkeit, die Zukunft unserer Ernährung so zu gestalten, wie es uns richtig erscheint. Dabei könnte das „Essen to go" ein gelungener Anfang sein – auf dem Weg zu mehr Freiheit, Wohlbefinden und Genuss.

Einfach, schnell und köstlich

Ich bin eine „faule" Köchin! Meine Rezepte sind meist sehr schnell gekocht, der Aufwand in der Küche ist gering. Normalerweise sind es nur wenige Arbeitsschritte, die Anzahl der Zutaten ist überschaubar. Ich vertrete eine simple Küche ohne viel „Schnickschnack". In unserem heutigen Arbeitsalltag lautet die Herausforderung oft, aus „Nichts" etwas Leckeres zu kochen – weil man wieder einmal keine Zeit zum Einkaufen hatte. Meistens beginne ich daher mit einem Blick in den Kühlschrank. Dann bediene ich mich am vorrätigen Gemüse und suche nach einem geeigneten Getreide zum Kombinieren. Der Reiz und der Spaß entstehen daraus, aus wenigen Zutaten eine spannende Mahlzeit zu kombinieren. Ein voller Kühlschrank belastet mich nur, weil ich mich dann zur Verarbeitung der Lebensmittel gezwungen fühle, damit sie nicht verderben. Wie viele andere Menschen heute auch, pflege ich zudem einen flexiblen, spontanen Lebensstil, sodass ich die Mahlzeiten ohne viel vorherige Planung entwickle. So weiß ich morgens oft noch nicht genau, wo ich nachmittags oder abends sein werde: Man geht zum Sport oder mit Freunden aus oder beteiligt sich am kulturellen Leben. Dann kommt man nach Hause und möchte essen – am liebsten gleich. Weiterhin will ich jederzeit die Freiheit haben, spontan Freunde zum Essen einzuladen und für uns alle zu kochen. Jeder Mensch genießt es, in Gesellschaft zu essen. Dabei kommt es nicht auf die Raffinesse eines Gerichts an, im Mittelpunkt steht der soziale Aspekt des gemeinsamen Essens.

Die einfache Lösung in vielen solchen Situationen ist, aus dem etwas zuzubereiten, was gerade da ist. Der Trick dabei ist simpel: Die wichtigsten Basiszutaten lagern zu Hause und sind jederzeit griffbereit. Aroma und Abwechslung verleihe ich den meist einfachen Gerichten vor allem mit frischen oder getrockneten Kräutern. Mehr zu diesen Grundzutaten und Gewürzen im Folgenden:

Meine Basiszutaten

Neben frischem Gemüse, Kartoffeln, Zwiebeln und Knoblauch finden sich in meinem Kühlschrank immer Butter, Joghurt, Eier, Käse, Chutneys, Dijonsenf und selbstgemachte Mayonnaise im Glas (Rezept auf Seite 39). Im Tiefkühlfach lagern kleine Portionen verschiedener Brotsorten, Blätterteig, Hühnersuppe, Fischfilets und Erbsen. Da ich als „faule" und spontane Köchin auch gerne auf Vorrat koche (siehe Seite 102 ff. und Seite 154 ff.), habe ich oft vorgegartes Hühner- und Rindfleisch in tiefgekühlter Form parat. In meinem Vorratsregal stehen verschiedene Getreidesorten: Meine Favoriten sind Gerste, Hirse, Haferflocken, Polenta und „Pseudogetreide" wie Amaranth, Quinoa und Buchweizen. Neben Reis und Nudeln finden sich Grieß, Couscous und Bulgur – als weitere schnell garende Alternativen. Dazu kommen Linsen, Olivenöl und Sojasoße sowie eine kleine Auswahl an Dosen: geschälte Tomaten und Kokosmilch.

Auf die Gewürze kommt es an

Kräuter und Gewürze sind meine kleinen Zaubermittel – sie verleihen meinen Speisen Geschmack, Pfiff und eine persönliche Note. Ohne sie wären meine Gerichte „nackt". Alle Gewürze sind zudem Heilkräuter und daher grundlegend für unser Wohlbefinden: Sie schenken Kraft und unterstützen die Gesundheit.

Ich verzichte auf jegliche Würze aus dem Lebensmittellabor. In meiner Küche finden sich keinerlei Brühwürfel, fertige Gewürzmischungen oder sonstige „magische Pulver". Ich schätze die Würzkraft der Natur und erlaube den Kräutern, das „Kommando" in meinen Speisen voll und ganz zu übernehmen. Mit am häufigsten verwende ich Liebstöckel – das sogenannte „Maggikraut", das vielen Gerichten eine ähnlich würzige Note schenkt wie das sonst übliche Gemüsebrühpulver. Besonders Suppen, Soßen und Getreidegerichten verleiht der Liebstöckel das gewisse Etwas.

Sie können aus einem Rezept zwei ganz unterschiedliche Gerichte kreieren – indem Sie diese jeweils mit einem anderen Kraut würzen. Probieren Sie es aus! Es ist einfach und macht Spaß, auf diese Weise den eigenen Geschmack kennenzulernen und neue Lieblingskombinationen herauszufinden.

Am intensivsten schmecken natürlich die frischen Kräuter. Nicht jeder hat einen Garten, wo man sich jederzeit bedienen kann. Das macht aber nichts, denn es gibt andere Wege, sich die „Zauberkünstler" in die Küche zu holen. Sobald im Frühjahr frische Kräuter erhältlich sind, kann man sich die Töpfchen an einen sonnigen Fensterplatz in der Küche stellen. Pflegeleichte Topfkräuter sind Basilikum, Rosmarin, Thymian, Minze und Oregano. Auch auf einem kleinen Balkon sind diese Kräuter natürlich bestens aufgehoben. In den letzten Jahren habe ich eine praktische Möglichkeit herausgefunden, um die wichtigsten Kräuter jederzeit zur Verfügung zu haben: Ich kaufe oder pflücke eine größere Menge verschiedenster frischer Kräuter, wie Salbei, Liebstöckel, Majoran, Thymian, Rosmarin oder Minze. Dann stelle ich sie jeweils in ein Gefäß oder eine Vase ohne Wasser und lasse sie ganz langsam und natürlich abtrocknen. Eine dekorative Möglichkeit ist es, die Kräuter locker zusammenzubinden und sie in der Küche an einem geeigneten Platz aufzuhängen. Auf diese Weise stehen mir die wichtigsten Gewürze immer zur Verfügung.

Lediglich Basilikum, Schnittlauch und Petersilie verlieren durch das Trocknen ihr Aroma und sind daher frisch am besten. Bei diesen Kräutern greife ich im Winter auch auf Gewächshausware zurück.

Ist man nicht selbst zum Trocknen von Kräutern gekommen, kann man sie auch sehr gut in der Apotheke kaufen. Hier stimmen Qualität, Aroma und Wirkstoffgehalt, oft stammen die Kräuter aus biologischem Anbau. Zudem sind etwas größere Mengen recht günstig erhältlich.

Zu den gängigen Gewürzen in meiner Küche zählen neben den bereits genannten einheimischen Kräutern auch Exoten wie Koriander, Kurkuma, Kreuzkümmel, Garam Masala, Kümmel, Madras Curry, edelsüße Paprika und Chilis.

Mit dieser Grundausstattung lässt sich bereits der überwiegende Teil der Rezepte in diesem Buch nachkochen. Wenn Ihnen ein Rezept gefällt, aber gerade ein Gewürz, ein Getreide oder eine andere

Zutat dafür fehlt, gibt es dazu bestimmt Alternativen. Lassen Sie sich deswegen nicht abhalten und wandeln Sie das Rezept einfach nach den jeweils vorhandenen Vorräten und Gewürzen ab.

Saisonale Zutaten aus regionalen Quellen

Ich erinnere mich noch gut an die Zeit, als ich auf den Gemüsemärkten im Herbst und Winter kaum noch etwas gefunden habe, das mir zum Kochen geeignet schien. Die verlockend bunten Zutaten sind um diese Zeit verschwunden: Je kälter es wird, desto unscheinbarer und farbloser erscheint das Wintergemüse. Erst nach und nach habe ich entdeckt, welche fabelhaften Aromen in all diesen unauffälligen Knollen, Wurzeln und Kohlsorten stecken. Heute bin ich fasziniert von den vielen verschiedenen Gemüsesorten und liebe es, damit zu experimentieren. Für mich bedeutet Kochen mit Gemüse pure Freude: Durch das Ausprobieren von mir unbekannten, saisonalen Sorten, neuen Zubereitungsformen und Kombinationen kann ich mich – ähnlich wie bei den Gewürzen – in der Küche kreativ „austoben".

Ich bin davon überzeugt, dass es für unsere Gesundheit nichts Besseres gibt, als sich von saisonalen Zutaten aus regionalen Quellen zu ernähren. Die verschiedenen Gemüse- und Obstsorten aus der Region weisen zur jeweiligen Erntesaison genau die Vitamine, Mineralstoffe und Spurenelemente auf, die unser Körper gerade in dieser Jahreszeit benötigt! Das Bewusstsein für eine solche Ernährung nimmt hierzulande stetig zu. Laut einer aktuellen Studie (A. T. Kearney, 2013) kaufen über 70 % der Verbraucher in Deutschland, Österreich und der Schweiz mehrmals im Monat regionale Lebensmittel ein, nahezu die Hälfte tut dies sogar wöchentlich. Nur etwa 20 % der Verbraucher in den drei Ländern legen weniger als ein Mal im Monat regionale Lebensmittel in den Einkaufskorb. Die Top 5 der Produkte, bei denen uns Verbrauchern die Regionalität besonders wichtig ist, sind Eier, Gemüse, Obst, Fleisch und Milchprodukte.

Was selbst gekochtes Essen und Fertiggerichte angeht, sind laut Trendforschern aktuell zwei gegenläufige Entwicklungen feststellbar: Einerseits wächst die Zahl der Konsumenten, die die Verantwortung für ihre Ernährung lieber an der Eingangstür zum Lebensmittelgeschäft abgeben. Andererseits wächst aber auch die Gruppe derer, die es genauer wissen wollen, die Transparenz für Herkunft, Inhaltsstoffe und Aufbereitung von Lebensmitteln fordern. Wenn man selbst Freude am Kochen mit guten Zutaten hat, spielen diese Hintergründe eine wichtige Rolle. Die treibende Kraft dabei ist das Bedürfnis, sich bewusst mit den Nahrungsmitteln und deren Zubereitung auseinanderzusetzen – und Gleichgesinnte zu finden, mit denen man die Leidenschaft für gutes Essen teilt.

Mit Freude bewusst kochen

Auch wenn meine Gerichte schnell und einfach zubereitet sind – die Qualität der Lebensmittel sollte stimmen! Neben den saisonalen und regionalen Aspekten achte ich auf die genaue Herkunft und eine ökologisch möglichst einwandfreie Gewinnung. Ebenso bewusst wie ich meine Nahrung einkaufe, bereite ich sie dann auch zu. Die relativ kurze Zeit, die ich in der Küche verbringe, ist wie eine Meditation für mich. Ich konzentriere mich voll und ganz auf die Zubereitung eines Gerichtes. Dann bin ich ganz bei mir und bei denen, für die ich koche. Der Fokus auf die manuelle Tätigkeit distanziert mich auf diese Weise von allerlei Alltagsthemen. Die kreative Arbeit erfüllt mich mit Glück, ganz gleich, ob ich für mich alleine koche oder für die Familie, eine große Gesellschaft oder zu einem bestimmten Anlass – Freude und Leidenschaft sind immer dabei.

Meine „Kochkünste" entstehen aus der Liebe und Wertschätzung für gute Nahrungsmittel. Das ist mein Motor, um neue Rezepte für alle möglichen Gelegenheiten und Bedürfnisse auszuprobieren. Ich denke, alle Menschen besitzen diese instinktive Liebe zu guten „Lebens-Mitteln". Viele wissen jedoch heute nicht mehr, wie sie das eine oder andere zubereiten können. Zudem ist die Zeit zum Einkaufen und Kochen oft knapp berechnet. Das Bedürfnis nach einem schmackhaften und wohltuenden Essen ist da, aber man weiß nicht genau, wie man anfangen soll.
Mein persönlicher Wunsch wäre es, mit diesem Buch so viele Menschen wie möglich zum Kochen zu motivieren, die sich gerne genussvoll, ausgewogen und gesund ernähren möchten – zu Hause und unterwegs. Neben all den bereits aufgeführten Vorzügen für unser Wohlbefinden ist man damit ein ganzes Stück freier und unabhängiger von Fertigprodukten und Imbissbuden. Lassen Sie sich begeistern von meiner simplen Art zu kochen und nehmen Sie auch Ihre Mahlzeiten für unterwegs wieder in die eigene Verantwortung. Keine Angst, es kann nichts passieren: Sie werden alles Zubereitete auch essen können, denn sie kochen mit „wertvollen" Lebensmitteln, die uns immer guttun, ganz egal wie sie zubereitet werden – auch wenn ein Gericht mal nicht ganz perfekt ist. Sie finden in diesem Buch passende Rezepte für jede Jahreszeit; es sind überwiegend kleine Gerichte, die sich auch gut einpacken und mitnehmen lassen. Viele davon kann man miteinander kombinieren. Auch zahlreiche Beispiele für alternative Zutaten und Zubereitungsmöglichkeiten bieten sich an. Dieser Aufbau erleichtert es, neue Gerichte auszuprobieren und kreativ damit zu „spielen" – viel Spaß dabei!

Frühling

Frühlingssuppe mit Bärlauch

Schon ab März sind die ersten frischen Bärlauchbüschel in lichten Wäldern und auch auf Wochenmärkten zu finden. Bärlauch steckt voller Vitalstoffe und soll zu den ersten Pflanzen gehören, die Bären nach ihrem Winterschlaf verspeisen – um wieder zu neuen Kräften zu kommen.

■ Zwiebel, Knoblauch und Sellerie schälen, in Würfel schneiden und einige Minuten unter Rühren im Olivenöl anbraten. Die gewaschene, klein gewürfelte Zucchini dazugeben und kurz mitbraten. Mit Wasser aufgießen und mit Liebstöckel, Salz und Pfeffer würzen. Etwa 20 Minuten bei geringer Hitzezufuhr zugedeckt köcheln lassen, bis die Zucchini weich ist.

■ Die Bärlauchblätter in einem Sieb unter fließendem Wasser waschen, mitsamt Stängeln in kleine Streifen schneiden und in den Topf geben. Aufkochen lassen und die Suppe pürieren, zuletzt abschmecken.

VARIANTE

Anstelle des Bärlauchs können Sie auch 250 g frischen Spinat verwenden, das Rezept bleibt gleich. Dazu passt Ingwer als Gewürz, der fein geschnitten und mitgeköchelt wird.

Lauchküchlein
mit Karottensalat

Frühling | 25

FÜR CA. 10 KÜCHLEIN

Für die Küchlein
1 kleine Lauchstange
200 g Frischkäse
1 Ei, 3 EL Olivenöl
1 Rolle Blätterteig
aus dem Kühlregal
(ca. 275 g)
50 g Gouda oder
Parmesan
Salz
Pfeffer aus der Mühle
Thymian

**Für den Karotten-
salat**
1 EL Olivenöl
Saft von 1/2 Zitrone
oder Limette
Salz
1 TL Senf
1 TL Honig
Dill
2 Karotten

■ Den Backofen auf 180 °C vorheizen. Den Lauch putzen, in feine Ringe schneiden und waschen, gut abtropfen lassen. In einer Schüssel den Frischkäse mit Ei und 2 EL Olivenöl verrühren.

■ Den Blätterteig ausrollen und in gleich große Quadrate oder Rechtecke schneiden (z. B. 12 x 8 cm). Ein Backblech mit Backpapier auslegen und die Teigstücke darauflegen.

■ Die Frischkäse-Mischung auf die Teigstücke streichen, dabei jeweils einen Rand von ca. 1 cm belassen. Den geriebenen Käse darüberstreuen und den Lauch darauf verteilen. Mit Salz, Pfeffer und Thymian würzen, einige Tropfen Olivenöl darüberträufeln. Im vorgeheizten Backofen etwa 20 Minuten backen.

■ Für den Karottensalat Öl, Zitronensaft, Salz, Senf, Honig und Dill gut verrühren. Die Karotten putzen, schälen oder mit der Gemüsebürste waschen und grob raspeln. Mit dem Dressing vermischen und abschmecken.

Kräuterreis als Knödel oder Fritters

FÜR 2
PORTIONEN

100 g Rundkornreis
Salz
6 mittelgroße Zwiebeln
2 Knoblauchzehen
2 EL Sonnenblumenöl
2 EL edelsüßes Paprikapulver
8 cl Wasser
Salz
Chilipulver
125 g Mozzarella
1 Ei

3–4 EL Semmelbrösel
Frische oder getrocknete Kräuter wie Oregano, Thymian und Salbei

Aus diesem Teig lassen sich zwei ganz verschiedene Gerichte zubereiten: Zum einen locker-leichte Knödel und zum anderen flache, kross gebratene Puffer, auch Fritters genannt (siehe Bild rechts). Der Teig hält sich gut verschlossen einige Tage im Kühlschrank, sodass garantiert keine Langeweile aufkommt. Dazu gibt es ein pikantes Zwiebelgemüse.

■ Den Reis in einem Sieb unter fließendem Wasser waschen und nach Packungsanleitung kochen, bis er weich und klebrig ist. Salzen und abkühlen lassen.

■ Für das Zwiebelgemüse die Zwiebeln und den Knoblauch schälen und in feine Ringe schneiden. Im erhitzten Öl anschwitzen, mit dem Paprikapulver bestäuben und gleich das Wasser dazugießen. Mit Salz und Chilipulver würzen und köcheln lassen, bis die Zwiebeln weich sind.

■ Den Mozzarella klein würfeln und mit dem lauwarmen Reis, dem Ei, Semmelbröseln, Salz und Kräutern vermischen.

■ Für die Knödel mit den Händen kleine, feste Bällchen formen. Im heißen, aber nicht kochenden Salzwasser einige Minuten ziehen lassen, bis sie an die Wasseroberfläche steigen. Mit einem Schaumlöffel aus dem Wasser nehmen und zusammen mit dem Zwiebelgemüse servieren oder einpacken.

■ Alternativ aus dem Teig flache Puffer (Fritters) formen. Butter und Öl in einer Pfanne erhitzen und die Fritters bei niedriger Hitze auf beiden Seiten anbraten, bis sie goldgelb und knusprig sind. Dazu passt ein Tomatensalat.

„Magische" Kohlsuppe

Bei der „magischen Kohlsuppendiät" purzeln die Pfunde, deswegen hat diese Suppe hierzulande und in den USA Furore gemacht. Auch ich tue mir im Frühjahr gern etwas Gutes und lege einige Kohlsuppentage ein. Damit das genussvoll bleibt, bereite ich die Suppe auf unterschiedliche Weise zu. Wichtig dabei sind verdauungsfördernde Kräuter wie Kümmel, Majoran oder Koriander.

Herzhafte Kohlsuppe

vegan

FÜR 2
PORTIONEN

1/2 kleiner Weißkohl
(etwa 400 g)
1 kleine Zwiebel
2 Knoblauchzehen
1/2 Bund glatte
Petersilie
1–2 EL Olivenöl
1/2 l Wasser
Salz, 3 EL Majoran
1 TL ganzer Kümmel

■ Den halben Weißkohl nochmals halbieren, den Strunk und die äußeren Blätter entfernen. Das Kraut in mundgerechte Streifen schneiden (etwa 4 mm breit), waschen und abtropfen lassen. Zwiebel und Knoblauchzehen schälen, mit den Petersilienstängeln fein hacken und unter Rühren im Olivenöl anschwitzen. Die Kohlstücke dazugeben und mit dem Wasser aufgießen. Mit Salz, Majoran und Kümmel würzen.

■ Die Suppe bei mittlerer Hitze 20 bis 30 Minuten köcheln lassen, bis der Kohl die gewünschte Bissfestigkeit aufweist. Abschmecken und mit der fein gehackten Petersilie garnieren.

Pikante Kohlsuppe

vegan

FÜR 2
PORTIONEN

1/2 kleiner Weißkohl
(etwa 400 g)
1–2 cm frischer
Ingwer
2 Knoblauchzehen
1/2 Chilischote
2 Stängel frischer
Koriander
1–2 EL Olivenöl
2–3 Kaffir-Limetten-
blätter
1 TL Kurkuma, Salz
1/2 l Wasser

■ Den halben Weißkohl nochmals halbieren, den Strunk und die äußeren Blätter entfernen. Das Kraut in mundgerechte Streifen schneiden (etwa 4 mm breit), waschen und abtropfen lassen. Ingwer und Knoblauch schälen und klein würfeln.

■ Die Chilischote putzen, nach Wunsch entkernen und in feine Ringe schneiden. Die Korianderblätter von den Stängeln zupfen, beiseitelegen und die Stängel sehr fein hacken. Olivenöl in einem Topf erhitzen und Ingwer, Knoblauch, Chili und Korianderstängel unter Rühren kurz anschwitzen. Den Weißkohl, die Kaffir-Limettenblätter, Kurkuma und Salz dazugeben und mit dem Wasser aufgießen.

■ Bei mittlerer Hitze 20 bis 30 Minuten kochen, bis das Kraut die gewünschte Bissfestigkeit aufweist. Abschmecken und mit den fein gehackten Korianderblättchen garnieren.

TIPP

Als weitere Zutat für beide Rezepte eignen sich 4 mittelgroße, geschälte und klein gewürfelte Kartoffeln. Etwas weniger Wasser verwenden als angegeben – und fertig ist der Eintopf!

Das Sandwich und
seine kuriose Geschichte

Das Sandwich ist nicht etwa eine Erfindung unserer modernen Zeit: Man könnte meinen, dass die Existenz der belegten Brote auf unsere aktuelle Esskultur und heutige Ernährungsgewohnheiten zurückzuführen ist – tatsächlich existiert der kleine, verführerische Imbiss schon sehr viel länger.

Während des Zweiten Weltkrieges wurden die alliierten Soldaten von Amerika aus mit Brot versorgt. Für den Transport entwickelte man Kastenbrote, die Seite an Seite im Schiffsbauch stapelbar waren: Diese Form prägt heute noch das klassische Sandwich.

London, 18. Jahrhundert: Zu dieser Zeit gab es hier den „Beefsteak Club", dem einige hohe Herren und Künstler angehörten. Sie trafen sich im Zeichen der Freiheit, um zu essen, reden und gesellig zu sein, ihr Motto hieß „Beef and Liberty". Im Jahr 1762 trafen sich die 24 Mitglieder jeden Samstag um fünf Uhr nachmittags. Zu dieser Gruppe gehörte auch John Montagu (1718–1792). Er besaß den Adelstitel „Earl of Sandwich", der bis heute existiert. Dieser Earl war Erzählungen zufolge ein leidenschaftlicher Spieler von „Cribbage", einem englischen Kartenspiel. Montagu wollte sein Spiel wohl auch nicht zum Essen unterbrechen und verlangte schließlich, dass man seine Mahlzeit zwischen zwei Brotscheiben legen sollte. Die Köche servierten ihm daraufhin gesalzene Beefsteak-Stücke zwischen zwei gerösteten Brotscheiben. Seine Mitspieler beobachteten das und orderten schließlich „dasselbe wie Sandwich".

Sicher waren belegte Brote vorher schon einmal in irgendeiner Form ausprobiert worden, aber erst durch den Earl of Sandwich wurde diese Art von Mahlzeit gesellschaftsfähig und einem größeren Publikum bekannt. Das Sandwich kam groß in Mode – zunächst in England und in den USA, später auf der ganzen Welt.

Besonders in den Vereinigten Staaten, aber auch in Italien feierte das Sandwich schließlich einen beeindruckenden Siegeszug. Dort erfand Gabriele D'Annunzio im Jahr 1925 die italienische Bezeichnung für Sandwich: „Tramezzino". Der Name bedeutet „dazwischen" und beschreibt die saftigen, frischen Zutaten zwischen zwei Scheiben Brot. In der Turiner Bar „Caffè Mulassano" auf der Piazza Castello gab es damals das erste Tramezzino im Stil des englischen Sandwiches. Heute gibt es dort eine Auswahl mit über 40 verschiedenen Sorten. Die wohl bekannteste und beliebteste Variante ist mit einer feinen Thunfischpaste versehen, die ganz leicht ins Brot zieht und ein unvergessliches Geschmackserlebnis bietet.

Das heute in England erhältliche Sandwich „Original 1762" besteht aus Roastbeef, Cheddar-Käse und Meerrettichsoße. Mittlerweile gibt es dazu weltweit unzählige Varianten aus den verschiedensten Brotsorten und Zutaten.

Sandwiches mit Tomate

Die Tomate erfreut sich großer Beliebtheit, was Namen wie „Liebesapfel", „Goldapfel" oder „Paradeiser" veranschaulichen. Besonders in der „Küche to go" ist sie mit ihrem süßen, fruchtigen Geschmack und der schönen roten Farbe unersetzlich. Im Sommer habe ich immer frische Tomaten zu Hause, bei uns gehören diese Früchte zu den „Grundnahrungsmitteln". Dazu gleich zwei schnelle und leckere Rezepte, die sich einfach transportieren lassen – in einer Folie, einer Tüte oder einer Box.

Sandwich mit Tomatenmayonnaise und Kräutern

FÜR 2 SANDWICHES

1 Tomate
1 Stängel frischer Dill
3 Blätter frischer Liebstöckel
2 EL Quark
4 EL ARTISAN-Mayonnaise (Seite 39)
Salz, Pfeffer
4 gleich große Scheiben Brot

▚ Die Tomate waschen, den Stielansatz keilförmig herausschneiden, und die Tomate in Scheiben schneiden.

▚ Dillspitzen abzupfen und mit dem Liebstöckel fein schneiden. In einer kleinen Schüssel den Quark mit der Mayonnaise verrühren und Dill, Liebstöckel, Salz und Pfeffer untermischen.

▚ Die Tomatenwürfel unterheben.

▚ Die Creme auf zwei Scheiben Brot verteilen, glatt streichen und jeweils eine Scheibe Brot daraufsetzen. Mit der flachen Hand vorsichtig von oben festdrücken. Die beiden Sandwiches mit einem scharfen Messer längs oder diagonal halbieren.

Tomaten-Käse-Sandwich

FÜR 2 SANDWICHES

2 Tomaten
50–70 g milder Käse wie Gouda oder Emmentaler
weiche Butter
ca. 2 TL Dijonsenf
Salz
Pfeffer aus der Mühle
4 gleich große Scheiben Brot

▚ Die Tomaten waschen und mit einem scharfen Messer in dünne Scheiben schneiden.

▚ Den Käse grob reiben, alle Brotscheiben mit Butter und Dijonsenf bestreichen und mit einer Schicht Tomatenscheiben belegen. Auf zwei Brotscheiben den geriebenen Käse verteilen, mit etwas Salz und Pfeffer würzen. Beide Sandwichhälften aufeinandersetzen und vorsichtig festdrücken. Jeweils mit einem scharfen Messer längs oder diagonal halbieren.

TIPP

Besonders Kinder mögen es gerne, wenn der Käse auf dem Sandwich vor dem Zusammenklappen noch kurz im Backofen geschmolzen wird.

Baguette mit Ei und Tomate

FÜR 1
SANDWICH

1/2 Baguette
(ca. 20 cm)
1 EL Olivenöl
1 Zwiebel
1 Knoblauchzehe
1 Prise Kreuzkümmel
Salz
Pfeffer aus der Mühle
2 Eier
1 Tomate
1 EL Olivenöl

■ Das Baguette toasten oder im Backofen bei 50 °C aufbacken, sodass es knusprig wird.

■ Die Zwiebel schälen und in feine Ringe schneiden, den Knoblauch ebenfalls schälen und fein hacken. Das Olivenöl in einer Pfanne erhitzen. Zwiebel und Knoblauch bei mittlerer Hitze anbraten, bis die Konsistenz je nach Geschmack bissfest oder weich ist. Mit Kreuzkümmel, Salz und Pfeffer würzen.

■ Die Eier aufschlagen und in die Pfanne geben, umrühren und stocken lassen.

■ Die Tomate waschen, den Stielansatz keilförmig herausschneiden und die Tomate in Scheiben schneiden.

■ Das Baguette der Länge nach aufschneiden und auf beiden Innenseiten mit Olivenöl beträufeln. Die untere Baguettehälfte mit Tomaten belegen, die gestockte Eiermasse daraufgeben. Beide Sandwichhälften aufeinandersetzen.

TIPP

Von wegen „kleiner Snack für zwischendurch": Dieses Sandwich macht garantiert richtig satt – und zufrieden! Eier, Zwiebeln und Knoblauch werden kurz angebraten und so mit leckeren Röststoffen bereichert.

Vollkorn-Sandwich mit Frischkäse und Lachs

FÜR 2
SANDWICHES

3 EL Olivenöl
100 g grätenloses
Lachsfilet
150 g Hüttenkäse
Salz
Pfeffer aus der Mühle
2 EL frisch gehackter
Dill
1 TL Zitronensaft
1 Msp unbehandelte
Zitronenschale
4 Scheiben
Vollkornbrot
Gurkenscheiben

Appetit auf Fisch? Auch Lachs und viele andere Speisefische lassen sich unkompliziert vorbereiten, einpacken und mitnehmen – sei es zur Arbeit, in die Schule oder auf einen Ausflug.

■ In einer Pfanne 1 EL Olivenöl erhitzen und das Lachsfilet bei starker Hitzezufuhr 2 Minuten auf der Hautseite anbraten. Zugedeckt bei niedriger Hitze etwa 8 Minuten ohne Wenden fertig garen lassen.

■ Währenddessen den Hüttenkäse in einer Schüssel mit 2 EL Olivenöl, Salz, Pfeffer, Dill, Zitronensaft und -schale vermischen. Den Lachs etwas abkühlen lassen und mithilfe von 2 Gabeln in kleine Stücke reißen. Unter den Hüttenkäse heben und abschmecken.

■ Jeweils eine Brotscheibe dick mit der Creme bestreichen, mit dünnen Gurkenscheiben belegen und die beiden Sandwichhälften zusammenklappen.

Sandwich-Genuss mit Überraschung, Lust und Würze

Heute spielt Brot in beinahe allen Fast-Food-Gerichten eine „tragende" Rolle. Es ermöglicht uns, ohne zusätzliche Hilfsmittel zu essen: Das Fingerfood charakterisiert den Zeitgeist und garantiert einen unkomplizierten Verzehr.

Sandwiches als Pausensnack und Mittagsmahlzeit werden immer beliebter. Die steigende Nachfrage verbessert das Angebot von Bäckereien, Sandwichbars und Imbissständen. Dabei bleibt ein selbstgemachtes Sandwich nach wie vor unübertrefflich: Man wählt sein persönliches Lieblingsbrot aus und dazu den Inhalt, auf den man gerade Appetit hat. Vorfreude und Lust sind groß, wenn das Sandwich ausgepackt wird, man das raschelnde Papier zurückklappt und sich schließlich ein köstlicher Anblick mitsamt dem leckeren Duft offenbart. Sandwiches sind auch deshalb so verführerisch, weil wir Menschen die Überraschung lieben. Plötzlich beißt man im weichen Brot auf etwas Knackiges, und es kommt eine Gurkenscheibe oder ein Stück kross gebratener Speck zum Vorschein.

Für mich muss ein gutes Sandwich neben einem kräftig-würzigen Geschmack vor allem eine spannende Struktur besitzen. Eine solche Konsistenz ergibt sich beispielsweise durch knackiges Gemüse und knusprig aufgebackenes Brot, kombiniert mit saftig-weichen Zutaten wie Soßen oder Pasten.

Stulle, Weckle, Schnitte, Vesper, Semmel, Bemme, Rundstück – je nach Region finden sich für das Sandwich ganz unterschiedliche Bezeichnungen. Ebenso vielseitig sind die Variationen: Beim Brot gibt es so viele Auswahlmöglichkeiten wie es Brotsorten gibt. Der Klassiker ist Toast- oder Kastenbrot, aus Weiß- oder Mehrkornmehl gebacken, mit oder ohne Rinde. Beim Belag wird die Auswahl noch größer: Dafür lässt sich beinahe jedes verzehrfertige Lebensmittel verwenden. Übrig gebliebene Reste vom Vortag bieten dafür oft eine überraschend leckere und praktische Möglichkeit – sei es gebratenes Gemüse, Fisch oder aufgeschnittenes Fleisch. Für mich ist besonders das Gemüse eine wichtige Grundzutat, ob in roher oder gegrillter Form: Salat, Gurke, Tomate oder Zucchini, Pfifferlinge und Aubergine. Dazu kommen verschiedene Käsesorten oder ein Ei. Dann fehlt noch eine leckere „Soße" wie Mayonnaise, Senf, ein selbst gemachter Aufstrich oder Pesto. Die Krönung des Ganzen sind schließlich und endlich frische Kräuter, die auch Speisen vom Vortag ein neues, würziges Aroma verleihen.

Selbstgemachte Sandwiches lassen sich gut verpacken und transportieren. Wenn ich mir für eine längere Autofahrt Proviant einpacke, ist die Verpackung meist hinfällig, weil meine Lust zu groß ist und das Sandwich schon nach den ersten 20 km in meinem Bauch verschwunden ist. Wer dagegen genug Disziplin zum Aufbewahren hat, kann die Brote in einem stabilen Behälter aus Kunststoff oder Karton transportieren. Auch Papier oder Folie sind dafür geeignet. In das Papier kann Luft eintreten, was gerade knusprige Brote länger kross hält. Bei einem saftigen Belag empfehle ich dagegen eine gut schließende Folie, damit alles sauber bleibt und das Sandwich nicht austrocknet (siehe auch Seite 108 ff).

Sandwiches bieten eine hervorragende Alternative zu den oft eintönigen und ungesunden Snacks von der Imbissbude nebenan. Eigene Kreationen sind alles andere als ungesundes Fast Food: Frisch, vielfältig und gekonnt zubereitet sind sie eine vollwertige und sättigende Mahlzeit. Solche Sandwiches können unsere meist zeitlich begrenzten Pausen mit Genuss füllen und – wie in meinem Fall – zu einer wahren Leidenschaft werden.

ARTISAN-Burger

FÜR 4
PORTIONEN

25 g Quinoa
1 große Zwiebel
2 Knoblauchzehen
5 EL Olivenöl
4 EL ARTISAN-Ma-
yonnaise (Seite 39)
4 EL Ketchup
4 Salatblätter
1 Tomate
1 Stück Salatgurke
(ca. 4 cm)
4 kleinere Brötchen
500 g Hackfleisch
(z. B. vom Lamm)
1 Ei
Salz
Pfeffer aus der Mühle
2 TL getrockneter
Rosmarin
2 EL frisch gehackte
Minze
6–8 EL Zwiebel-,
Tomaten- oder
Mango-Chutney
nach Geschmack
4 dünne Scheiben
milder Käse (z. B.
Gouda)

Dieser Burger hat mit „Fast Food" nichts zu tun: Er wird mit guten, frischen und vielfältigen Zutaten zubereitet – und natürlich mit Liebe! Die Zubereitung dauert gar nicht lange, und dennoch entsteht dabei ein herrlich leckeres Essen. Mein Favorit dafür ist Lammfleisch, aber auch jedes andere Hackfleisch passt dazu. Die Feinheiten sind vor allem die Gewürze und die Quinoasamen, die beim Kochen aufplatzen und den Burger so schön locker machen.

▥ Quinoa in einem Sieb unter fließendem Wasser waschen. Laut Packungsangabe 15 bis 20 Minuten in kochendem Wasser zugedeckt garen lassen.

▥ Die Zwiebel schälen, 4 bis 8 feine Ringe abschneiden und beiseitelegen. Die restliche Zwiebel klein würfeln und mit dem geschälten, fein gehackten Knoblauch in 1 EL Olivenöl glasig anschwitzen, dann von der Hitze nehmen.

▥ In einer kleinen Schüssel die Mayonnaise mit dem Ketchup verrühren.

▥ Die Salatblätter waschen und trocken schleudern. Die Tomate waschen und in dünne Scheiben schneiden. Die Salatgurke waschen und mit dem Sparschäler der Länge nach in Scheiben schneiden.

▥ Die Brötchen bei 50 °C im Backofen aufbacken.

▥ Quinoa in ein Sieb abschütten, abtropfen lassen und zusammen mit dem Hackfleisch, dem Zwiebel-Knoblauch-Gemisch, Ei, Salz, Pfeffer, Rosmarin und Minze sorgfältig vermischen. Aus dem Teig mit den Händen 4 flache Frikadellen formen. In einer Pfanne mit 4 EL Olivenöl bei mittlerer Hitze auf beiden Seiten kräftig anbraten.

▥ Die aufgebackenen Brötchen aufschneiden und mit dem Chutney bestreichen. Auf die Unterseite der Reihe nach Käse, Salat, Zwiebelringe, Frikadelle, Gurke und Tomate legen und mit der Ketchup-Mayo-Soße abschließen. Die Brötchenhälften zusammenklappen. Für den Transport gleich in Papier oder Folie einwickeln und mit einer Serviette zusammen in einen Behälter packen.

ARTISAN-Mayonnaise

FÜR 250 ML

1 Eigelb
Salz
1 TL Senf
2 l Essig
125 ml geschmacks-
neutrales Pflanzenöl,
z. B. Sonnenblu-
menöl

In einigen meiner Rezepte empfehle ich meine selbstgemachte ARTISAN-Mayonnaise. Ich verwende sie gerne als Basis für viele Sandwiches – wegen ihres herrlichen Geschmacks und damit der Genuss nicht zu trocken wird. Auch cremige Aufstriche rundet sie perfekt ab. An ihrer Farbe und Konsistenz erkennt man schnell den Unterschied zu einer gekauften Mayonnaise: Der Geschmack überzeugt und natürlich auch das Wissen um die guten Zutaten. Bei einer passenden Gelegenheit verdient sie es, in einer eleganten Sauciere präsentiert zu werden.

■ Das Eigelb mit Salz, Senf und Essig im Mixer verquirlen. Nach und nach das Pflanzenöl dazugießen, anfangs tröpfchenweise, dann langsam mehr. Dabei weiter mit dem Mixer rühren, bis eine homogene Mischung entsteht. Sollte die Masse zu fest werden, etwas Essig nachgießen.

■ Die Mayonnaise ist im Kühlschrank 2 Tage haltbar, wenn sie sofort in ein sauberes, luftdichtes Schraubglas gefüllt wird und nur mit sauberem Küchenbesteck in Kontakt kommt.

Sandwich mit Kräuterquark

2 EL Quark
2 EL frisch gehackte Petersilie
1–2 EL frisch gehackter Basilikum
1 EL Olivenöl, Salz
Pfeffer aus der Mühle
2 Scheiben Sandwich- oder
Kastenbrot
2–3 Scheiben Käse
12 Scheiben Salatgurke

■ Den Quark mit Petersilie, Basilikum, Olivenöl, Salz und Pfeffer verrühren. Beide Brotscheiben damit bestreichen. Eines der Brote zuerst mit Käse, dann mit Gurkenscheiben belegen. Das zweite Brot darauflegen und vorsichtig etwas festdrücken. Mit einem scharfen Messer diagonal oder der Länge nach halbieren.

Sandwich mit Makrele und Paprika

FÜR 1
SANDWICH

1 kleine Zwiebel
1 rote Gemüsepa-
prika
1 EL Öl, 4 cl Wasser
Salz
2 Scheiben Sand-
wich- oder Kasten-
brot
2 EL ARTISAN-Ma-
yonnaise (Seite 39)
4 dünne Scheiben
geräucherte Makrele

■ Die Zwiebel schälen und in feine Ringe schneiden.

■ Die Gemüsepaprika waschen, vom Strunk, weißen Trennwänden und Kernen befreien und ebenfalls in Ringe scheiden.

■ Das Öl in einer Pfanne erhitzen. Zwiebel- und Paprikaringe bei mittlerer Hitze anbraten und das Wasser dazugießen. Salzen und bei sanfter Hitze ohne Pfannendeckel weich dünsten.

■ Beide Brotscheiben mit Mayonnaise bestreichen. Auf einer Scheibe Zwiebeln und Paprika verteilen. Die Makrelenscheiben darübergeben und die zweite Brotscheibe darauflegen, vorsichtig festdrücken. Das Sandwich mit einem scharfen Messer längs oder diagonal durchschneiden.

Sandwich mit Knusperspeck und Avocadopüree

FÜR 1
SANDWICH

4 Scheiben Bauch-
speck
1 reife Avocado
1 EL Quark
1 EL Olivenöl
Salz
Pfeffer aus der Mühle
1 Tomate
2 Scheiben Sand-
wich- oder Kasten-
brot

■ In einer Pfanne den Bauchspeck ohne weitere Fettzugabe bei mittlerer Hitze langsam braten, bis das Fett geschmolzen ist und der Speck kross wird.

■ Die Avocado längs halbieren, den Kern entfernen und das Fruchtfleisch mithilfe eines Löffels aus der Schale lösen. In einer kleinen Schüssel mithilfe einer Gabel zerdrücken und mit Quark, Olivenöl, Salz und Pfeffer mischen.

■ Die Tomate waschen und in Scheiben schneiden.

■ Beide Brotscheiben mit dem Avocadopüree bestreichen. Ein Brot zuerst mit den Tomatenscheiben, dann mit dem Speck belegen. Die zweite Brothälfte daraufsetzen und das Sandwich mit einem scharfen Messer in zwei oder mehrere Teile schneiden.

Liptauer Brotaufstrich

FÜR CA. 300 G

80 g zimmerwarme
Butter
250 g Quark
1 Zwiebel
1 Knoblauchzehe
8–10 kleine Essig-
gurken
3 TL edelsüßes
Paprikapulver
1 TL gemahlener
Kümmel
1/2 TL Salz
1 EL Schnittlauch-
röllchen

Dieser Aufstrich verleiht den verschiedensten Brotsorten das gewisse Etwas. Ich mag ihn am liebsten
zusammen mit Pumpernickel oder Roggenbrot und
einem Glas trockenen Weißwein.

■ Die weiche Butter mithilfe einer Gabel unter den
Quark mischen.

■ Zwiebel und Knoblauch schälen, beides sehr fein hacken.
Zusammen mit den klein gewürfelten Essiggurken, dem Paprikapulver, Kümmel und Salz unter den Quark heben und mit
den Schnittlauchröllchen bestreuen.

■ Luftdicht verschlossen ist der Aufstrich einige Tage im Kühlschrank haltbar.

Essen mit allen Sinnen

Nicht nur der Gaumen – alle unsere Sinne genießen gutes Essen. Die Natur hat es so eingerichtet, dass es uns Lust bereitet, wenn wir den Anblick einer reifen Frucht vor Augen haben, den Duft von Gewürzen einatmen, die Süße einer Kirsche auf der Zunge spüren und das Knacken hören, wenn wir in ein frisches Brötchen beißen. Menschen sind mit all diesen hochsensiblen Sinnen ausgestattet, um zu überleben: Farbe, Geruch, Geschmack und Textur verraten uns weitaus mehr über den Zustand eines Lebensmittels, als uns bewusst ist.

Zu dieser ganzheitlichen Wahrnehmung gehört in erster Linie die Optik unserer Speisen. Ansprechende Farben und Formen wecken Lust und Appetit. Besonders verführerisch wirken dabei kräftige Farbtöne und Kontraste. Genauso warnt uns das Auge sofort, wenn wir etwas Ungenießbares vor uns haben. Wir Menschen kennen intuitiv das Aussehen von Essbarem, das uns entweder gut tut oder auch verdorben ist. Es ist immer zuerst der Anblick, der Appetit oder Ekel auslöst. Dieser optische Eindruck wird als instinktive, unterbewusste Beurteilung an das Gehirn weitergeleitet. Bei diesem visuell begründeten Urteil über ein Lebensmittel spielen Farben eine ganz wesentliche Rolle: Sie entscheiden maßgeblich darüber, ob wir eine Nahrung essen wollen oder nicht. Wie die jeweiligen Farben im Einzelnen beurteilt werden, hängt wiederum von unserer Herkunft und Kultur ab. In Europa ist Rot die begehrteste Farbe für ein Lebensmittel: Bei ihrem Anblick wird ein positives Signal für Süße und Reife an unser Gehirn gesendet, das aufgrund der Farbe einen hohen Nährwert erwartet.

Gerade bei Salaten und allerlei Gemüsegerichten sorgt eine natürlich bunte Mischung für Lust und Laune. Dann betört uns der Duft des Essens und schließlich der Geschmack und die Textur.

Auch die Industrie macht sich dieses Empfinden zunutze: Viele Süßigkeiten sind rosa oder orange und ziehen uns deshalb magisch an. Dagegen wird mit Grün und Gelb ein saurer Geschmack verbunden. Mit Weiß, Grau und Blau assoziieren wir salzige Nahrung. Bittere Aromen vermuten wir bei violetten, braunen und schwarzen Lebensmitteln. Das ist auch die Erklärung dafür, dass wir dunkle Lebensmittel eher ablehnen, weil sie vom Gehirn als bitter, ungenießbar oder gar als giftig eingeschätzt werden. In einigen Fällen „überstimmt" unser heutiges Wissen über genießbare Lebensmittel auch teilweise unsere Intuition, dennoch stecken diese Instinkte in jedem von uns.

Also: Appetit und Genuss lassen sich maßgeblich über Farben steigern – ich wünsche Ihnen viel Freude an möglichst farbenkräftigen und bunten Speisen!

Grasgrüne Grießnockerl mit Kohlrabi

Diese Grießnockerl erhalten durch die kräftig hellgrüne Farbe der Erbsen einen appetitlichen Frischekick. Damit holen Sie sich das Frühlingsgrün der Natur direkt auf den Teller! Zusammen mit den Kohlrabis sind die Nockerl im Handumdrehen zubereitet.

▮ Das Wasser zum Kochen bringen und den Grieß einrühren. Den Topf vom Herd nehmen und den Grieß zugedeckt etwas ziehen lassen.

▮ Bei der Verwendung von frischen Erbsen diese aus den Hülsen palen. Frische oder tiefgekühlte Erbsen in einer Schüssel mit kochendem Wasser übergießen, etwa 3 Minuten ziehen lassen und in einem Sieb abtropfen lassen.

▮ Die Knoblauchzehe schälen, grob hacken und zusammen mit Erbsen, Petersilie und Salz kurz pürieren. Ist das Püree zu trocken, noch etwas Wasser dazugießen (ca. 2 cl). Dann das Erbsenpüree gründlich mit dem Grieß vermengen, und die Mischung etwa 30 Minuten ruhen lassen.

▮ Die Kohlrabis schälen und nach Wahl in Scheiben oder Stifte schneiden.

▮ Das Sonnenblumenöl in einer Pfanne erhitzen. Die Kohlrabis langsam bei niedriger Temperatur darin garen lassen, bis sie glasig, aber noch bissfest sind. Etwas salzen.

▮ Das Olivenöl mit dem Dill vermischen.

▮ Aus dem Püree mithilfe von zwei Esslöffeln kleine Nockerl formen. In erhitztes, nicht kochendes Wasser geben und etwa 3 Minuten ziehen lassen. Vorsichtig herausnehmen, auf die Kohlrabis geben und mit etwas Dillöl beträufeln.

TIPP

Für die grünen Grießnockerl lassen sich auch andere weich gekochte und fein pürierte Gemüsearten verwenden, beispielsweise Bärlauch oder Spinat. Dabei das Gemüse mit möglichst wenig Wasser garen und gut abtropfen lassen, damit die Nockerl nicht auseinanderfallen.

Pikanter Gerstensalat mit Spargel und Mozzarella

FÜR 2–3
PORTIONEN

75 g Gerste
30 g Hirse
3 kleine Frühlings-
zwiebeln
1/2 Zitrone
1 Chilischote
150 g weißer oder
grüner Spargel
7 EL Olivenöl
125 g Mozzarella
Salz
Pfeffer aus der Mühle
2 EL frisch gehackte
Petersilie
1 EL frisch gehackter
Dill
einige Blättchen
Basilikum

▨ Gerste und Hirse in einem Sieb unter fließendem Wasser waschen, getrennt oder zusammen in kochendem Wasser nach Packungsanleitung weich garen (siehe Tipp).

▨ Die Frühlingszwiebeln putzen, waschen und fein hacken. Die Zitrone halbieren und mit einem scharfen Messer schälen. Das Fruchtfleisch in kleine Würfel schneiden.

▨ Die Chili waschen, längs halbieren, vom Stiel befreien, nach Wunsch entkernen und in feine Ringe schneiden.

▨ Je nach Verwendung den grünen Spargel waschen oder den weißen Spargel schälen, die holzigen Enden jeweils abscheiden.

▨ Etwa 3 EL Olivenöl in einer Pfanne erhitzen und die Spargelstangen mit dem Chili bei mittlerer Hitze ca. 10 Minuten anbraten, bis der Spargel noch bissfest, aber weich ist. Dabei mehrmals wenden und zuletzt etwas salzen.

▨ Gerste und Hirse abgießen, in eine Schüssel geben und zum Abkühlen gelegentlich durchrühren.

▨ Den Mozzarella in Scheiben oder Würfel schneiden. Frühlingszwiebeln und das Fruchtfleisch der Zitrone mit dem Chili aus der Pfanne und etwas Salz unter die Gerste-Hirse-Mischung rühren.

▨ Auf einen Teller oder in einen Behälter geben, darauf den Mozzarella verteilen und obenauf den Spargel legen. 4 EL Olivenöl mit Salz, Pfeffer, Petersilie, Dill und Basilikum verrühren und das Dressing über den Spargel träufeln.

TIPP

Auch wenn die Hirse meist eine etwas kürzere Garzeit benötigt, kann man sie dennoch gut zusammen mit der Gerste kochen.

Gemüsesuppe
mit Amaranth

Amaranth ist genau das Richtige, um unseren Körper im Frühjahr mit wichtigen Vitalstoffen zu versorgen. Die kleinen Körnchen verfügen über beachtliche Mengen an Zink, Eisen, Magnesium und Kalzium. Das „Pseudogetreide" besitzt zudem weitaus mehr Eiweiß als die meisten Getreidesorten und ist glutenfrei. Auch der feine, nussige Geschmack ist bemerkenswert.

■ Den Lauch putzen, in feine Ringe schneiden, waschen und abtropfen lassen. Den Knoblauch schälen und fein hacken. Die Karotte putzen, schälen oder mit der Gemüsebürste waschen und grob raspeln.

■ Das Olivenöl in einem Topf erhitzen. Lauch, Karotte und Knoblauch unter ständigem Rühren einige Minuten anbraten, dann mit dem Wasser aufgießen. Liebstöckel und Salz dazugeben und die Suppe 20 Minuten bei niedriger Hitze köcheln lassen.

■ Den Amaranth in einem Sieb unter fließendem Wasser waschen. In Wasser aufkochen und nach Packungsanleitung ca. 20 Minuten zugedeckt sanft köcheln lassen, dabei gelegentlich umrühren. Mit Salz abschmecken.

■ In jede Suppenschale 2 bis 3 EL Amaranth geben und mit der Suppe übergießen. Mit Schnittlauchröllchen garnieren.

Kartoffelsalat
mit Frühlingsgemüse

FÜR 2
PORTIONEN

8 kleine neue
Kartoffeln
50 g Brokkoli
50 g Zuckererbsen
4 EL Olivenöl
3 EL Joghurt
2 TL ARTISAN-Ma-
yonnaise (Seite 39)
1/2 TL Dijonsenf
Salz, Pfeffer
1 Frühlingszwiebel
2 EL frisch gehackter
Dill
3 EL Schnittlauchröll-
chen
2 Handvoll Blattsalat
(z. B. Rucola, junger
Spinat)

Ich freue mich jedes Jahr über die ersten neuen Kartoffeln und
esse sie gerne mit Schale – pur, mit Butter und Salz oder mari-
niert.

▮ Die Kartoffeln schälen und jeweils in ca. 4 Spalten schneiden.
In kochendem Salzwasser 10 bis 15 Minuten weich garen.

▮ Den Brokkoli waschen, putzen und in kleine Röschen teilen.
Die Zuckererbsen waschen, die spitzen Enden abschneiden und
dabei vorhandene Fäden abziehen. Brokkoli und Erbsen in einer
Pfanne mit 2 EL Olivenöl bei mittlerer Hitze langsam garen lassen, bis das Gemüse noch bissfest, aber weich ist.

▮ In einer Schüssel Joghurt, Mayonnaise, 2 EL Olivenöl, Senf, Salz
und Pfeffer gut verrühren. Die Frühlingszwiebel putzen, waschen
und fein hacken, zusammen mit Dill und Schnittlauch zum Dressing geben. Kartoffeln, Brokkoli, Zuckererbsen und Blattsalat mit
dem Dressing vermischen und abschmecken.

TIPP

Wer mag, kann der
Marinade mit etwas
Essig noch eine
säuerliche Note
verleihen.

Karottenpuffer
mit Schnittlauchsoße

**FÜR 2
PORTIONEN**

400 g Karotten
1 kleine Zwiebel
1 Ei
2 EL Haferflocken
1–2 EL Mehl
Salz
1–2 EL getrockneter
Majoran
etwa 4 EL Sonnen-
blumenöl
250 g griechischer
Sahnejoghurt
Pfeffer aus der
Mühle
1 Bund Schnittlauch

■ Die Karotten putzen, schälen oder mit der Gemüsebürste waschen, grob reiben und in einer Schüssel mit der geschälten, fein gehackten Zwiebel, dem Ei, Haferflocken, Mehl, Salz und Majoran gründlich vermischen.

■ Das Sonnenblumenöl in einer Pfanne erhitzen und den Teig mit einem Esslöffel portionsweise in die Pfanne geben. Glatt streichen und einige Minuten bei mittlerer Hitze von beiden Seiten goldgelb braten.

■ Aus der Pfanne nehmen und auf Küchenkrepp abtropfen lassen. Für die Schnittlauchsoße den Joghurt mit Salz, Pfeffer und Schnittlauchröllchen vermischen.

Sommer

Pastinaken-Chips mit Linsen und Roter Bete

FÜR 2 PORTIONEN

1–2 Pastinaken
250 g Rote Bete
1 Zwiebel
2 Knoblauchzehen
2–3 Zweige Thymian
1 EL abgeriebene unbehandelte Zitronenschale
Salz
Pfeffer aus der Mühle
3–4 EL Olivenöl
100 g Linsen
3–4 EL Essig
1–2 EL frisch gehackte Petersilie
etwas frischer Meerrettich

Genuss mit allen Sinnen: Intensive Farben und Kontraste für das Auge treffen auf süße und würzig-saure Aromen. Das Knacken der krossen „Chips" macht zusätzlich Spaß. Mit den Fingern essen ist ausdrücklich erlaubt!

■ Den Backofen auf 200 °C vorheizen. Die Pastinaken putzen, mit der Gemüsebürste waschen und mit einem Sparschäler rundherum feine Späne abschälen. Die Rote Bete ebenfalls säubern und gründlich mit der Gemüsebürste waschen. Mit Schale in Spalten schneiden (ca. 0,5 cm dick). Dabei evtl. Einmalhandschuhe tragen, um ein Abfärben zu vermeiden.

■ Die Zwiebel schälen und in Ringe schneiden, den Knoblauch schälen und in feine Scheiben oder Stücke schneiden. Rote Bete, Zwiebeln und Knoblauch in einer Backform vermischen und mit den klein gehackten Thymianblättchen bestreuen. Die Pastinakenspäne darüber verteilen, mit Salz und Pfeffer würzen und mit dem Olivenöl beträufeln. Im Backofen etwa 30 Minuten garen lassen. Dabei darauf achten, dass die Pastinaken-Chips kross, aber nicht zu dunkel werden: Bei Bedarf die Hitze auf 160 °C zurücknehmen.

■ Die Linsen in ein Sieb geben, unter fließendem Wasser waschen und abtropfen lassen. Nach Packungsangabe gar kochen. Mit Essig, Salz und Petersilie vermischen. Zuletzt nach Geschmack etwas Meerrettich über die Rote Bete reiben.

TIPPS

Dieses Rezept lässt sich ebenso kalt wie warm genießen, das Ofengemüse passt auch gut zu Fleischgerichten. Den Linsensalat können Sie zusätzlich mit Olivenöl oder Schafskäse anreichern.

Mangoldauflauf mit Mohn

FÜR 2 PORTIONEN

4 Kartoffeln
Salz
Pfeffer aus der Mühle
3 EL Olivenöl
800 g Mangold
2 Knoblauchzehen
200 ml Sahne
3 EL Mohn
1 TL frisch gemahlene Muskatnuss

■ Den Backofen auf 200 °C vorheizen. Die Kartoffeln schälen und in Scheiben schneiden. Dachziegelartig in eine Auflaufform schichten, salzen, pfeffern und mit 1 EL Olivenöl beträufeln. Im Backofen etwa 30 Minuten backen, nach 10 Minuten 4 cl Wasser darübergießen.

■ Den Mangold vom Strunk und braunen Stellen befreien, waschen. Die Blätter längs in der Mitte durchschneiden und mit Stielen in kleine Stücke schneiden. Knoblauch schälen und fein hacken, in einer Pfanne mit 2 EL Olivenöl unter Rühren anbraten.

■ Den Mangold zugeben und zugedeckt ca. 15 Minuten sanft garen lassen. In einer kleinen Schüssel die Sahne mit Mohn, Muskatnuss und Salz vermischen.

■ Den Mangold über den Kartoffeln verteilen und mit dem Sahnegemisch übergießen. Den Auflauf ca. 20 Minuten fertig backen, bis die Flüssigkeit von den Kartoffeln aufgesaugt und ein knuspriger brauner Rand zu sehen ist.

TIPP

Zu diesem Auflauf esse ich gerne ein Butterbrot mit einem würzigen Bergkäse oder einen bunten Blattsalat.

Wraps mit Ente und Pfirsich

TITELREZEPT

FÜR 4 PORTIONEN

8 Salatblätter (z.B. Kopfsalat oder Eisbergsalat)
2 Pfirsiche
200 g Quark
150 g Frischkäse
3–4 EL Orangensaft
1 TL Garam Masala
Salz
Pfeffer aus der Mühle
350 g geräucherte Entenbrust
4 Tortilla-Wraps (Fertigprodukt oder Rezept Seite 95)

■ Die Salatblätter waschen und trocken schleudern. Die Pfirsiche waschen, halbieren, den Kern herauslösen und das Fruchtfleisch in Spalten schneiden. Den Quark mit Frischkäse und Orangensaft glatt rühren. Mit Garam Masala, Salz und Pfeffer abschmecken.

■ Die Entenbrust in dünne Scheiben schneiden. Wraps frisch zubereiten oder als Fertigprodukt nach Wunsch in einer Pfanne ohne Fett von jeder Seite 1 bis 2 Minuten erwärmen. Jeweils mit der Quarkcreme bestreichen, mit Entenbrust, Salat und Pfirsichspalten belegen und fest zusammenrollen.

■ Zum Mitnehmen mit einem scharfen Messer in handliche Stücke schneiden und jeweils mit einem Zahnstocher oder einem hübschen Band fixieren.

Sommer-Curry mit Blumenkohl und Bulgur

Ich liebe den Duft von angerösteten Zwiebeln, Knoblauch, Ingwer und Koriander. Es riecht so appetitanregend, dass ich den Genuss kaum abwarten kann. Bei diesem Rezept habe ich Glück – weil es so schnell zubereitet ist.

TIPP

Pikant wird das Curry, wenn Sie 1 geputzte, in feine Ringe geschnittene Chilischote zusammen mit Zwiebel, Ingwer und Knoblauch anbraten.

FÜR 2 PORTIONEN

1 kleine Zwiebel
1 cm Ingwer
2 Knoblauchzehen
3 Stängel Koriander
2–3 EL Olivenöl
2 TL Currypulver
400 ml Kokosmilch
1 kleiner Blumenkohl
Salz
100 g Erbsen
100 g Bulgur
1 Stängel Pfefferminze

■ Zwiebel, Ingwer und Knoblauchzehen schälen und fein würfeln. Mit den fein gehackten Korianderstängeln zusammen in einem Topf mit Olivenöl anschwitzen. Das Currypulver darüber stäuben und mit der Kokosmilch ablöschen, bei niedriger Hitze zugedeckt köcheln lassen.

■ Den Blumenkohl in kleine Röschen teilen, waschen und dazugeben. Salzen und etwa 5 Minuten mitköcheln lassen. Den Topf vom Herd ziehen und die ausgepalten Erbsen oder TK-Erbsen dazugeben, einige Minuten zugedeckt ziehen lassen.

■ Den Bulgur waschen und in einer Schüssel mit heißem Wasser übergießen, umrühren und zugedeckt 5 bis 10 Minuten ziehen lassen.

■ Die Pfefferminzblätter vom Stängel zupfen, waschen und trocken tupfen. In feine Streifen schneiden, unter den Bulgur mischen und mit Salz abschmecken.

Gebratene Zucchini mit Zitronen-Couscous und Linsenpaste

FÜR 2
PORTIONEN

100 g Linsen (rot,
schwarz oder grün)
Salz
Pfeffer aus der Mühle
2–3 EL frisch gehack-
te Kräuter (Minze,
Oregano, Petersilie)
2 EL Olivenöl
5 Cocktailtomaten
125 ml Sahne
1 große Zucchini
1 Knoblauchzehe
1 kleine Chili
200 g Couscous
1 Bund Schnittlauch
1 TL abgeriebene
unbehandelte Zitro-
nenschale
1 EL Zitronensaft

Dieses herrlich leichte, aber gut sättigende Sommeressen eignet sich für viele Gelegenheiten. Die einzelnen Zubereitungen harmonieren wunderbar zusammen, man kann sie aber auch gut separat verspeisen – oder einpacken und mitnehmen.

▮ Die Linsen in einem Sieb unter fließendem Wasser waschen und nach Packungsanleitung weich garen. Mit Salz, Pfeffer, Kräutern und 1 EL Olivenöl zu einer feinen Paste pürieren und abkühlen lassen. Die Cocktailtomaten waschen und in Scheiben schneiden. Zusammen mit der steif geschlagenen Sahne unter die Linsenpaste heben und kühl stellen.

▮ Zucchini waschen und in ca. 3 mm dicke Scheiben schneiden. Den Knoblauch schälen und fein hacken. Die Chili waschen, längs halbieren, vom Stiel befreien, nach Wunsch entkernen und ebenfalls fein hacken.

▮ 1 EL Olivenöl erhitzen, die Zucchini auf beiden Seiten bei mittlerer Hitze anbraten, Knoblauch und Chili dazugeben und einige Minuten mitbraten, dann salzen.

▮ Den Couscous nach Packungsangabe einige Minuten quellen lassen. Den Schnittlauch waschen und in kleine Röllchen schneiden. Mit Zitronenschale und -saft, Salz und Pfeffer unter den Couscous rühren.

Variante zum Mitnehmen

Die gebratene Zucchini und die Linsenpaste lassen sich auch gut in einem Sandwich verpacken. Dazu jeweils zwei Kasten- bzw. Toastbrotscheiben mit etwas Senf oder Mayonnaise (Rezept auf Seite 39) bestreichen. Darauf die Linsenpaste und die Zucchinischeiben verteilen. Auf eine Brotscheibe zusätzlich 2 bis 3 Käsescheiben legen und nach Geschmack mit etwas Koriandergrün würzen. Beide Sandwichhälften aufeinandersetzen, mit der flachen Hand vorsichtig festdrücken. Mit einem scharfen Messer längs oder diagonal halbieren. Den Couscous extra einpacken und als Salat dazu essen.

Draußen essen und picknicken

Für mich gehört es zu meiner persönlichen Freiheit, an einem selbst gewählten Ort zu einer selbstbestimmten Zeit essen zu können. Am liebsten plane ich einen Ausflug, ohne dabei von Restaurants oder Imbissbuden abhängig zu sein. Es verschafft mir eine gewisse Gelassenheit, wenn ich meinen eigenen Proviant dabei habe – dann ist für alles gesorgt, wenn der Hunger anklopft.

Am schönsten ist für mich das Essen in der freien Natur: Hier kann man die mitgebrachten Leckereien an einem ausgewählten Plätzchen in aller Ruhe genießen. Besonders die Engländer und Franzosen besitzen für ausgiebiges Picknicken ein Talent. Meine französische Freundin erzählt mir immer wieder begeistert von den aufwendig inszenierten Picknicks ihrer Eltern: Die vorherige Wanderung war wohl nur ein Vorwand für das darauf folgende opulente Essen, bei dem es an nichts fehlen durfte. Sogar Salz- und Pfefferstreuer waren mit dabei. Auch das Wort „Picknick" stammt wohl aus dem Französischen: es setzt sich zusammen aus dem Wort „piquer" und „nique", was „Häppchen picken" bedeutet.

Picknicken ist wie campen: Entweder man liebt diese reduzierte Lebensart oder eben nicht. Für die Liebhaber ist es das Größte, sich frei und ohne die sonst üblichen Benimmregeln auf einer Decke in der Wiese niederzulassen. Man verweilt auf einem ausgesucht schönen Plätzchen, genießt die Aussicht und nascht Stück für Stück in einem gut verdaulichen Tempo. Bei diesem bewussten Essen wird die Qualität des Selbstgemachten besonders spürbar.

Aber auch während der Mittagspause in der Stadt lässt sich eine ähnliche Picknick-Atmosphäre genießen. Diese wird zwar örtlich und zeitlich etwas eingeschränkt – dennoch sind solche Pausen deutlich erholsamer als das hastige und rein zweckmäßige Essen an einer Imbissbude. Stattdessen sucht man sich ein ruhiges Plätzchen auf einer Parkbank, einem Mäuerchen am Fluss oder auf einer Treppenstufe mit schönem Ausblick. Auch an solchen Orten kann man den Stress des Tages für eine Weile abschütteln und sich das mitgebrachte Essen genüsslich schmecken lassen.

Ein lauschiges Plätzchen macht spürbar Appetit und sorgt für mehr Genuss: ob beim Picknick auf dem Land oder während der Mittagspause in der Stadt.

Auberginencreme

FÜR CA. 250 G

1 mittelgroße
Aubergine
1 Knoblauchzehe
1/2 frische
Chilischote
3–4 Blätter frische
Minze oder 1–2 TL
getrocknete Minze
Saft von 1/2 Zitrone
2 EL Naturjoghurt
1/2 TL Kreuzkümmel
1/2 TL Kurkuma
Salz
2 EL Olivenöl

Ich esse diese Creme oft nur mit frischem Fladenbrot und etwas Ziegen- oder Schafskäse. Sie passt aber auch perfekt zu einem Aperitif und ist zugleich eine leckere Basis für die verschiedensten Sandwich-Kreationen.

■ Den Backofen auf 200 °C vorheizen. Die Aubergine waschen und mehrfach mit einer Gabel einstechen. In eine Auflaufform oder in einen Bräter legen, mit einem Deckel verschließen und etwa 30 Minuten backen. Etwas abkühlen lassen, halbieren und das Fruchtfleisch mit einem Löffel aus der Schale lösen. In einer Schüssel mithilfe einer Gabel zerdrücken.

■ Den Knoblauch schälen und fein hacken, die Chilischote vom Stiel befreien und in sehr feine Stücke schneiden. Frische Pfefferminzblätter waschen und fein hacken.

■ Alle Zutaten in einer Schüssel verrühren und im Mixer oder mit dem Pürierstab zu einer feinen Creme pürieren. In einem luftdichten Gefäß im Kühlschrank ist die Creme etwa 1 Woche haltbar.

Ciabatta mit Auberginen-creme und Mozzarella

FÜR 1
SANDWICH

1 großes Ciabatta-
Brötchen
(ca. 10–15 cm lang)
1 Tomate
100 g Mozzarella
6 EL Auberginen-
creme (Rezept
siehe links)
3 Salatblätter
Salz
Pfeffer aus der Mühle
8–10 Scheiben
Salatgurke

▐ Das Ciabatta-Brötchen der Länge nach aufschneiden. Auf dem Toaster oder im Backofen knusprig aufbacken, dann auskühlen lassen. Die Tomate waschen und mit dem Mozzarella in Scheiben schneiden.

▐ Beide Brothälften großzügig mit der Auberginencreme bestreichen. Auf der Unterseite die gewaschenen und trocken geschleuderten Salatblätter verteilen.

▐ Darüber die Tomate schichten, salzen und pfeffern. Darauf die Mozzarellascheiben legen und mit den Gurkenscheiben abschließen. Beide Sandwichhälften aufeinandersetzen.

TIPP

Damit das Brötchen nicht verwässert die Gurkenscheiben auf einem Sandwich nicht salzen!

Huhn im Papier

Dieses lecker gewürzte Hühnerfleisch wird einfach in einem Stück Backpapier eingeschnürt, gebacken – und mitgenommen oder gleich vernascht. Fisch lässt sich auf dieselbe einfache Art zubereiten.

TIPPS

Dazu schmeckt ein Stück Weißbrot: Man tunkt es einfach in den Bratensaft, der sich im Papier gebildet hat. Ich esse das Huhn auch gerne kalt – wer das nicht mag, wickelt es zusätzlich in Alufolie oder packt es in einen isolierenden Behälter.

FÜR 2 PORTIONEN

1 rote Zwiebel oder Frühlingszwiebel
1 kleine Zucchini
1 EL gemischte Gewürze (z. B. Rosmarin, Zitronenmelisse, Oregano)
2 Stücke vom Huhn à 150 g (Brust oder Keule)
Saft von 1/2 Zitrone
Salz
Pfeffer aus der Mühle

█ Den Backofen auf 200 °C vorheizen. Die Zwiebel schälen und in feine Ringe schneiden, die Frühlingszwiebel putzen, waschen und in feine Ringe schneiden. Die Zucchini waschen und in dünne Scheiben schneiden. Frische Gewürze fein hacken.

█ Aus Backpapier zwei ausreichend große Quadrate ausschneiden, jeweils ein Stück Huhn mittig darauf platzieren. Die Gewürze, Zucchinischeiben und Zwiebelringe darüber verteilen, mit dem Zitronensaft marinieren und mit Salz und Pfeffer würzen.

█ Die vier Ecken vom Backpapier jeweils nach oben zusammenführen und mit einem Küchengarn fest zusammenbinden. Die Keulen etwa 40 Minuten, Hühnerbrüste etwa 20 Minuten auf einem Blech im vorgeheizten Backofen garen lassen.

Asiatischer Tomatensalat

Auf den Wochenmärkten kaufe ich bei Gelegenheit gerne alte oder ungewöhnliche Tomatensorten. In ihrer Vielfalt besitzen sie ganz eigene Geschmacksnoten. Auch ein neuartiges Salatdressing sorgt leicht für Abwechslung auf dem Teller:

FÜR 2 PORTIONEN

4 große Salatblätter
1–2 Stängel frischer Koriander
ca. 1 cm Ingwer
2 EL Sonnenblumenöl
Saft von 1/2 Zitrone
1 EL Sojasoße oder Salz
1/2 TL Dijonsenf
4 Tomaten
2–4 Scheiben Weißbrot
1–2 EL Butter
Rosmarin

■ Die Salatblätter mit dem Koriandergrün waschen und trocken schleudern. Den Ingwer schälen und fein reiben. In einer Schüssel mit Sonnenblumenöl, Zitronensaft, Sojasoße, Senf und dem klein gehackten Koriander gut verrühren.

■ Die Tomaten waschen, halbieren und den Strunk entfernen. Klein würfeln und mit dem Dressing vermischen. Die Salatblätter aufeinanderlegen, einrollen und in Ringe schneiden. In eine Schüssel schichten und die Tomaten daraufsetzen.

■ Das Weißbrot toasten, noch warm mit Butter bestreichen, mit Rosmarin bestreuen und dazu reichen.

TIPP

Zum Mitnehmen die Tomatenwürfel zunächst in einem Sieb abtropfen lassen. Das Dressing in ein Schraubdeckelglas füllen und erst vor dem Verzehr mit den Tomaten vermischen.

Baguette mit Pfifferlingen und frischem Majoran

Ab Juni gibt es endlich wieder frische Pfifferlinge! Sie können nicht gezüchtet werden und stammen daher immer aus der Natur. Am liebsten mag ich die wild-aromatischen Pilze mit frischem Majoran gewürzt.

FÜR 2 PORTIONEN

200 g Pfifferlinge
50 g Champignons
1 kleine Zwiebel
1 EL Butter
4 EL Olivenöl
Salz
Pfeffer aus der Mühle
2–3 Stängel Majoran
2 Stücke Baguette

■ Die Pfifferlinge sorgfältig mit einem kleinen Messer säubern, die Champignons ebenfalls putzen, dabei die Stiele bei Bedarf einkürzen. Pfifferlinge je nach Größe vierteln oder halbieren, Champignons in Scheiben schneiden.

■ Die Zwiebel schälen und fein würfeln. Butter und 2 EL Olivenöl in einer Pfanne erhitzen, die Zwiebelwürfel bei mittlerer Hitze darin anbraten. Die Pfifferlinge hinzufügen und etwa 6 Minuten unter gelegentlichem Rühren garen lassen.

■ Den Backofen auf 50 °C vorheizen. Die Majoranblättchen von den Stängeln zupfen und je nach Größe kleiner reißen oder schneiden. Mit den Champignons zu den Pfifferlingen geben und noch einige Minuten mitbraten, dann salzen und pfeffern.

■ Die Baguettestücke einige Minuten im vorgeheizten Backofen aufbacken. Dann beide Brotstücke in der Mitte aufschneiden, ohne sie ganz durchzuschneiden (siehe Bild). Jeweils die Unter- und Oberseite mit insgesamt 1 EL Olivenöl beträufeln. Die Pilzmischung darauf verteilen und mit etwas gehacktem Majoran garnieren.

Kalte Gurkensuppe

FÜR 2 PORTIONEN

1/2 Salatgurke
200 g Naturjoghurt
1 EL Zitronensaft
1 EL frisch gehackte Petersilie
Salz
Pfeffer aus der Mühle
1 EL frisch gehackter Dill
2 Msp unbehandelte Zitronenschale

Besonders an heißen Sommertagen schmeckt diese kalte Suppe herrlich erfrischend. Dazu passt das Baguette mit Pfifferlingen oder das Vollkornbrot mit Lachs.

■ Die Gurke schälen und klein würfeln. Zusammen mit dem Naturjoghurt, Zitronensaft, Petersilie, Salz und Pfeffer pürieren. In zwei Suppentassen oder Schraubgläser füllen, mit Dill und Zitronenschale garnieren.

Salat im Sommer – leichter Frischegenuss

Bei heißen Temperaturen spüren wir ein Bedürfnis nach frischer und leichter Kost, die sättigt, aber nicht schwer im Magen liegt. Das Essen darf während der größten Hitze in der Mittagszeit auch gerne kalt sein – nur Pfiff sollte es haben. Dazu eignen sich neben den Sandwiches vor allem Salate: Schon der farbenfrohe Anblick erweckt Gelüste. Damit diese Erwartungen an einen frischen, knackigen Salat nicht enttäuscht werden, gibt es einiges zu beachten: Zum einen sind das gut schließende, isolierende Verpackungen (siehe dazu Seite 108ff). Oft bietet es sich auch an, die Soßen separat zu transportieren und den Salat erst vor dem Verzehr zu marinieren. Zarte Blattsalate wie Spinatblätter oder Kopfsalat erschlaffen schnell in der Wärme – deshalb sollte man Exemplare mit festen Strukturen auswählen, beispielsweise Eisbergsalat, Romanasalat, Radicchio oder Chicorée. Ich mache es oft auch so, dass ich Salatherzen oder Eisbergsalat nicht ganz, sondern nur teilweise entblättere. Dann wasche ich den Salatkopf im Ganzen, schleudere ihn trocken und schneide ihn in Viertel. So verpackt, hält er auch bei warmen Temperaturen länger durch. Ich verwende auch gerne in Streifen geschnittenen Chinakohl, der zusammen mit Möhren, Gurkenscheiben und fein gehackten Kräutern einige Stunden knackig bleibt.

Eine Lunchbox mit mehreren, dicht schließenden Fächern ist eine praktische Sache – beispielsweise für einen Salat mit Sandwich. Im Handel werden heute zahlreiche Behälter angeboten (siehe auch Seite 108).

Bestens geeignet für die längere Aufbewahrung in einer einfachen Lunchbox sind Salate auf der Basis von Getreide, Couscous, Bulgur, Quinoa, Amaranth oder Buchweizen. Am Vortag zusammen mit etwas Gemüse vorgekocht, können diese Zubereitungen über Nacht ziehen und schmecken dann am Folgetag besonders aromatisch. Zur Essenszeit noch mit einigen Löffeln Joghurt und Kräutern vermischt – und schon hat man ein erfreuliches Mittagessen parat. Getreide und die oben genannten Pseudogetreide haben außerdem den wichtigen Vorteil, dass sie uns mit wertvollen Nährstoffen versorgen und uns trotz aller Leichtigkeit auch wirklich satt machen.

Beim Obst hält lediglich der Apfel die Sommerhitze einige Zeit durch, für alles andere sind sorgfältige Verpackungen und bestenfalls eine Kühltasche notwendig. Das lässt sich beim Picknick oder beim Strandausflug gut organisieren. Im Alltag habe ich dagegen mit Pfirsichen, Kirschen, Bananen, Aprikosen und Co schon einige unerfreuliche „Unfälle" in meiner Handtasche erlebt. Für alle diese Früchte ist es eine gute Lösung, sie klein zu schneiden und dann möglichst kühl und luftdicht zu verpacken. Was süßes und fruchtiges „Essen to go" angeht, ist ein Obstsalat im Sommer eine sehr gute Möglichkeit, um frisches Obst zu transportieren. Als Marinade verwende ich dafür Zitronen- oder Limettensaft, Honig und etwas Nelkenpulver. Joghurt sollte man dagegen nicht auf Dauer mit frischen Früchten vermischen: Zusammen mit Zitrusfrüchten gerinnt er recht schnell.

Salat mit Avocado, Tomaten und Mozzarella

TIPP

Kochprofis und Liebhaber von essbaren Kugeln verwenden einen Kugelausstecher, um den Avocadokugeln eine perfekte Form zu verleihen. Auch aus Melonen, Kartoffeln oder Butter lassen sich damit dekorative Häppchen zaubern.

FÜR 2 PORTIONEN

2 reife Avocados
250 g Mozzarella
8–10 Cocktailtomaten
8–10 Basilikumblätter
1–2 EL Olivenöl
1 TL Zitronensaft oder Essig
Salz
Pfeffer aus der Mühle

■ Die Avocados halbieren und die beiden Kerne entfernen. Mithilfe eines Teelöffels das Fruchtfleisch in kleinen Kugeln herauslösen, auf einen Teller oder in einen Behälter legen.

■ Die Cocktailtomaten waschen, entstielen, je nach Größe halbieren oder vierteln und dazugeben. Den Mozzarella mit den Händen in kleine Stücke reißen und darüber verteilen.

■ Aus Olivenöl, Zitronensaft, Salz und Pfeffer ein Dressing anrühren und über Avocadokugeln, Tomaten und Mozzarella träufeln. Die Basilikumblätter in feine Streifen schneiden und den Salat damit garnieren.

Nektarinensalat
mit Schafskäse

FÜR 2
PORTIONEN

2 Nektarinen
100 g Schafskäse
1 EL Rosmarin
1 EL frisch gehack-
te Petersilie oder
Basilikum
Salz
Pfeffer aus der Mühle
2–3 EL Olivenöl
1 EL Balsamico

Hier trifft die Süße der Frucht auf den salzigen Schafskäse. Beim Dressing dürfen Sie das Olivenöl ruhig großzügig verwenden: Zum Salat gibt es frisches Baguette zum Dippen – dann kommen Teller und Behälter blitzblank zurück.

■ Die Nektarine putzen, waschen und trocken tupfen. Mit Schale in Spalten schneiden und auf einen flachen Teller oder in einen breiten, flachen Behälter geben.

■ Den Schafskäse mit den Händen in kleine Stücke brechen und über den Früchten verteilen. Mit Rosmarin, Petersilie, Salz und Pfeffer würzen. Mit Olivenöl und Balsamico beträufeln.

TIPPS

Statt Nektarinen passen auch reife, süße Feigen oder Pfirsiche sehr gut. Als Alternative zum Schafskäse bietet sich Mozzarella an. Wer mag, verwendet zusätzlich hauch-dünn geschnittene Speckstreifen.

Feinwürziger Bohnensalat

FÜR 2
PORTIONEN

400 g grüne Bohnen
2 TL Koriandersamen
2 TL Schwarzkümmel
2 EL Sesamsamen
1 rote Zwiebel
2 Knoblauchzehen
1 Zitrone
2–3 EL Olivenöl
Salz
einige Blätter frischer
Basilikum

Eine pfiffige und harmonische Gewürzmischung macht aus einem einfachen Gemüse einen erstaunlichen Salat. Dazu passt ein großes Butterbrot, Räucherfisch oder ein Stück kalter Braten – und fertig ist die Mahlzeit.

■ Die Bohnen unter fließendem Wasser waschen und abtropfen lassen. Die Spitzen auf beiden Seiten knapp abschneiden. Die Bohnen ca. 10 Minuten in gesalzenem Wasser bissfest kochen. Kurz mit Eiswasser abschrecken, um die grüne Farbe zu erhalten.

■ Koriander- und Schwarzkümmelsamen mit dem Sesam zusammen in einen Topf geben. Erhitzen und ohne Fett bei niedriger Hitze unter Rühren anrösten. Die Zwiebel schälen und in feine Ringe oder kleine Würfel schneiden. Den Knoblauch ebenfalls schälen und in Scheiben schneiden.

■ Mit einem scharfen Messer die Schale der Zitrone abschneiden und das Fruchtfleisch klein würfeln. Das Fruchtfleisch zusammen mit Zwiebel, Knoblauch, Olivenöl, Salz und Bohnen in den Topf mit den gerösteten Samen geben und ohne Hitzezufuhr gut durchschwenken. Die Basilikumblätter waschen, fein schneiden und untermischen.

TIPP

Mischen Sie noch einige schöne rote, in Streifen geschnittene Radicchio-Blätter unter den Bohnensalat – ein optischer und geschmacklicher Hochgenuss!

Pikanter Fenchelsalat

vegan

Für 2 Portionen

2 Fenchelknollen
2 Knoblauchzehen
1 Chilischote
3 EL Olivenöl
Saft von 1/2 Zitrone
Salz
2 EL frisch gehackte Petersilie
einige Salatblätter

Dieses feine Fenchelrezept passt besonders gut zu Fisch, aber auch zu vielen Fleischgerichten. Ich esse am liebsten das Taboulé dazu (Rezept auf Seite 80).

 Die Fenchelknollen waschen, putzen, halbieren und vom Strunk befreien. Die Stängel einkürzen und die Knollen der Länge nach in ca. 1 cm breite Streifen schneiden.

Den Knoblauch schälen und in dünne Scheiben schneiden oder durchpressen, die geputzte und gewaschene Chilischote halbieren, nach Geschmack die Kerne entfernen.

2 EL Olivenöl in einer Pfanne erhitzen und die Fenchelstücke mit der Chilischote bei niedriger Temperatur unter Rühren bissfest, aber weich garen. Den Knoblauch zugeben und kurz mitbraten.

Die Mischung in ein Gefäß geben, die Chilischote nach Wunsch entfernen. Mit Zitronensaft und 1 EL Olivenöl beträufeln, mit Salz und Petersilie würzen und gut durchmischen. Nach Wunsch mit den gewaschenen, trocken geschleuderten Salatblättern garnieren.

Sommerfrisches Taboulé mit Buchweizen

TIPP

Ich esse zu diesem Taboulé am liebsten frisch getoastetes Weißbrot, das ich leicht mit einer rohen Knoblauchzehe einreibe.

FÜR 2 PORTIONEN

70 g Buchweizen
25 g Sultaninen oder Rosinen
Salz
10 schwarze oder grüne Oliven
1/3 Salatgurke
1 Knoblauchzehe
1 Stängel Pfefferminze
2 Stängel Petersilie
1/2 Bund Schnittlauch
Schale von 1 unbehandelten Zitrone
2 EL Olivenöl
Pfeffer aus der Mühle
150 g Schafskäse

Dieses Taboulé wird mit Buchweizen zubereitet, einem „Pseudogetreide", das voller Nährstoffe steckt und kein Gluten aufweist. Zitrone und Pfefferminze verleihen diesem schnell zubereiteten, aber raffinierten Essen eine herrliche sommerliche Frische.

■ Den Buchweizen mit den Sultaninen zusammen in ausreichend Wasser aufkochen. Bei niedriger Hitze nach Packungsangabe 20 bis 30 Minuten ausquellen lassen und salzen.

■ Die Oliven entkernen und fein hacken. Die Gurke waschen und in kleine Würfel schneiden. Den Knoblauch schälen und fein schneiden.

■ Pfefferminze, Petersilie und Schnittlauch waschen und trocken tupfen. Die abgezupften Blättchen von Pfefferminze und Petersilie fein hacken, den Schnittlauch in Röllchen schneiden.

■ Den gekochten Buchweizen und die Sultaninen durch ein Sieb abgießen und noch warm in einer Schüssel mit Oliven, Gurke, Knoblauch, Pfefferminze, Petersilie, Schnittlauch, Zitronenschale, Öl, Salz und Pfeffer vermischen. Den Schafskäse mit den Händen in kleine Stücke zerbröseln und unterheben.

Orientalischer Brokkolisalat

FÜR 2
PORTIONEN

1/2 Zwiebel
2 EL Naturjoghurt
3 EL Olivenöl
2 EL Essig
Salz
Pfeffer aus der Mühle
1 TL Dijonsenf
1 Prise Kreuzkümmel
1 TL Garam Masala
Saft von 1 Zitrone
500 g Brokkoli
200 g Champignons
1 Knoblauchzehe
2 EL Sonnenblumenöl
1 EL Sojasoße
einige Korianderblätter

■ Für das Dressing die Zwiebel schälen und in feine Ringe schneiden. In einer Schüssel Naturjoghurt mit Olivenöl, Essig, Salz, Pfeffer, Senf, Kreuzkümmel, Garam Masala und Zitronensaft verrühren. Die Zwiebelringe unterheben und das Dressing einige Zeit ziehen lassen.

■ Die Brokkoliröschen vom Strunk abschneiden und in einem Sieb unter fließendem Wasser waschen. In kochendem Wasser bissfest blanchieren. Die Champignons mit einem Küchenmesser putzen, die Stiele etwas einkürzen und die Pilze halbieren.

■ Den Knoblauch schälen und in feine Scheiben schneiden. Das Sonnenblumenöl in einer Pfanne erhitzen, den Knoblauch dazugeben und die Champignonhälften mit der Schnittseite nach unten in die Pfanne setzen. Bei mittlerer Hitze gut anbraten lassen, dann wenden.

■ Den Brokkoli hinzufügen, mit Sojasoße und 6 cl Wasser aufgießen, zugedeckt 3 bis 4 Minuten dünsten lassen. Das Gemüse mit dem Dressing vermischen und mit einigen Korianderblättern garnieren. Warm oder kalt genießen.

TIPP

Wer rohe Zwiebelringe nicht mag, brät sie zusammen mit Pilzen und Knoblauch an.

Der Geschmack unserer Kinder

Bei der oft unkomplizierten und kreativen Zubereitung von Fingerfood kann man Kinder gut mit einbeziehen: Das steigert ihren Appetit und die Freude am Essen.

„Nein, das esse ich nicht!" – und schon ist er wieder da, der kleine, tägliche Machtkampf zwischen Kindern und Eltern. „Leider" haben die Jüngsten oft einen außergewöhnlichen, reduzierten oder gar einseitigen Geschmack. Dieser unterscheidet sich meist deutlich von unseren erwachsenen Vorstellungen einer vielfältigen und ausgewogenen Ernährung. Jedes Kind hat seine individuellen Vorlieben, die jedoch maßgeblich durch die jeweilige Kultur und Erziehung beeinflusst werden.

Die Kinder unserer Welt ernähren sich auf sehr unterschiedliche Weise. Während der indische Nachwuchs mit scharfen Gewürzen groß wird und im hohen Norden rohe Fische selbstverständlich sind, würde man mitteleuropäische Kinder mit solchen Speisen schnell vom Esstisch verjagen. Und das ist auch gut so! Die Natur hat es so eingerichtet, dass Menschen in allen Gebieten der Erde eine natürliche, regional bedingte Auswahl an Nahrungsmitteln zur Verfügung haben. Unser Organismus verträgt jene Lebensmittel gut, von denen er umgeben ist und an die er sich von klein auf anpasst. Schon im Mutterleib wird der Körper an die Esskultur gewöhnt, in die wir hineingeboren werden. Das ist vielen Menschen gar nicht bewusst: Erst auf Reisen in fremde Länder stellen wir fest, dass wir das eine oder andere Lebensmittel kaum verdauen können. Der heutige Trend zur Ernährung aus regionalen Zutaten besitzt daher eine logische und natürliche Notwendigkeit.

Viele Eltern machen sich Sorgen, ob ihr Kind ausgewogen genug isst, um gesund aufzuwachsen. Stochert der Nachwuchs wieder einmal im Essen herum und lässt all das liegen, was in unseren Augen am nötigsten gebraucht wird, dann reißt der Geduldsfaden schnell, und der Wille des Kindes wird ignoriert oder unterbunden. Dabei stellt diese individuell reduzierte Auswahl oft eine Art „natürliche Trennkost" dar. Kinder haben ein ganz intuitives Gespür dafür, was ihr Körper gerade benötigt! Was dem einen gerade guttut, braucht der andere nicht zwangsläufig genauso. Individuelle Vorlieben und Befindlichkeiten bilden ein komplexes Zusammenspiel, das sehr spezielle Bedürfnisse zur Folge hat. Diese werden mithilfe des Instinktes gesteuert, den gerade Kinder noch sehr gut erspüren können. Wir tun also oft gut daran, einem Kind seine Auswahl zu belassen und keinen Zwang auszuüben – der ja ohnehin meist nur Gegenwehr bewirkt.

Dazu kommt erwiesenermaßen, dass kleinere Kinder ein Nahrungsmittel acht bis 15 Mal probiert haben müssen, um zu wissen, ob es ihnen schmeckt oder nicht. Auch für diese Neophobie, die Angst vor Neuem, sollten wir Geduld aufbringen. Erst im Alter von etwa zehn Jahren lässt diese natürliche Zurückhaltung nach.

Den größten, nicht zu unterschätzenden Einfluss auf das Essverhalten der Kinder besitzen natürlich die Eltern. Nehmen die nahestehenden Personen fremde oder kritisch beäugte Nahrung zu sich, sind Kinder am ehesten bereit, das nachzuahmen. Man sollte also munter „voressen": Eltern können von ihren Kindern nur erwarten, was sie selbst vorleben. Das sollte jedoch immer ohne Druck und möglichst „nebenbei" passieren. Auch dafür sind gemeinsam eingenommene Mahlzeiten wichtig, bei denen sich Kinder nach und nach an die jeweils vorherrschenden Gewohnheiten anpassen. Ebenso bedeutsam ist eine abwechslungsreiche, selbst zubereitete Kost. Damit wird von Anfang an eine breite Auswahl an Speisen zur Verfügung gestellt, welche die Kinder immer wieder probieren können. Bieten Sie die Nahrungsmittel wiederholt in verschiedener Form an. Der Sohn meiner Freundin ist beispielsweise ein Gemüsemuffel: Seitdem sie ihm jedoch einen „Zauberwald" auf dem Teller errichtet, indem sie die Brokkoliröschen wie Bäume in das Kartoffelpüree steckt, gehört dieses Essen zu seinen Lieblingsgerichten.

Essen to go für Kinder

Kinder lieben es, draußen zu essen – sei es auf einer Wiese, im Wald, im Schwimmbad oder auf dem Spielplatz. Dabei ist es immer gut, wenn sie den ausgesuchten Platz noch vor dem Essen erkunden dürfen und sich austoben können. Anschließend kann man sich genüsslich dem Essen widmen.

Generell essen Kinder immer das gerne, was sie vorher selbst zubereitet haben. Das kann man sich leicht zunutze machen und gemeinsam den Hefeteig fürs Stockbrot kneten, Brötchen backen oder kleine Burger belegen, Wraps befüllen oder Spieße mit Käse und Obst vorbereiten. Zum Nachtisch eignen sich beispielsweise Wassermelonenstücke, Obstkuchen und Joghurt, gesüßt mir Marmelade oder Sirup.

Am Lagerfeuer dürfen Kinder die verschiedensten Nahrungsmittel auf einem Stock aufspießen und grillen, beispielsweise Tomaten, bis sie aufplatzen und Brötchen, bis sie schön knusprig sind. Oder man schneidet Würstchen an den Enden kreuzweise ein, sodass sie sich aufrollen. Auch Kartoffeln aus dem Feuer und gegrilltes Gemüse wie Mais, Pilze oder Paprika werden von Kindern meist gerne genommen.

Im Alltag besteht das „Essen to go" für Kinder meist aus dem mitgebrachten Pausenbrot. Dieses ersetzt auch des Öfteren das Frühstück zu Hause, das einige Kinder zu früher Stunde noch verweigern. Schon auf dem Schulweg, im Auto oder im Bus darf dann der kleine Hunger kommen. Wichtig zu wissen ist dabei: Unser Gehirn macht zwar nur 2 % unseres Körpervolumens aus, benötigt jedoch ganze 50 % der zur Verfügung stehenden Energie. Das verdeutlicht die Bedeutung von Frühstück und Mittagessen für unsere geistige Leistungsfähigkeit – wenn man den Tag ohne „Schokoladeattacken" überstehen will.

Um Ihr Kind entsprechend mit genügend Energie zu versorgen, eignet sich zum Beispiel ein selbstgemachtes Müsli mit frischen Früchten und Milch oder Naturjoghurt und Honig. Früchte und Milchprodukte sollten dabei getrennt voneinander verpackt werden, was sich beispielsweise mit Schraubgläsern gut lösen lässt. Eine Lunchbox kommt meiner Erfahrung nach immer dann leer zurück, wenn wir den Kindern abwechslungsreich belegte Brote und Snacks mitgeben. Dabei sind Humor und Fantasie die besten Ratgeber: Schnitzen Sie zum Beispiel mit der Spitze eines scharfen Messers zwei kleine Löcher als Augen und einen Spalt als Mund in ein Radieschen – und Ihr Kind freut sich auf das Essen, wenn ihm schon beim Öffnen der Lunchbox ein Radieschen entgegenlacht. Auch aus anderen Obst- und Gemüsestücken entstehen schnell Gesichter oder kleine Figuren. Ein weiterer Trick für die Essenslust von Kindern ist, gleich noch ein Sandwich für den Schulfreund mit einzupacken: Gemeinsam macht Essen immer mehr Spaß.

Nicht nur kleine Snacks, auch ganze Mahlzeiten wie ein Nudelsalat kann man Kindern gut mit auf den Weg geben. Packen Sie dazu noch etwas frisches Obst in einen extra Behälter – und Ihr Kind ist bestens versorgt.

Porridge-Frühstück

Dieses warme Frühstück aus Großbritannien wird auch hierzulande von Erwachsenen und Kindern gerne genossen. Die verschiedenen dekorativen Schichten kommen in den praktischen, durchsichtigen Schraubgläsern besonders gut zur Geltung.

■ Die Haferflocken in einem Topf mit Wasser oder Milch aufkochen und unter ständigem Rühren bei mittlerer Hitze 10 bis 15 Minuten garen lassen, bis der Porridge cremig ist.

■ Den Sesam oder die Nüsse in einer heißen Pfanne ohne Fett unter ständigem Rühren vorsichtig anrösten. Mit dem Honig zusammen zum Porridge geben und gut durchmischen.

■ Den Porridge auf Schüsseln oder Schraubgläser verteilen. Zuerst mit einer Schicht Joghurt, dann mit der Marmelade bedecken. Mit jeweils 1 EL Cornflakes garnieren.

FÜR 2 PORTIONEN

100 g Haferflocken
200 g Wasser oder Milch
2 EL geschälter Sesam oder geriebene Nüsse
4 EL Honig
200 g Naturjoghurt
2–4 EL Marmelade oder Kompott
2 EL Cornflakes

TIPPS

Dieses Rezept lässt sich auch kalt, am besten aber warm genießen. Dabei verschmilzt der heiße Porridge mit dem kalten Joghurt, was eine besondere Sinnenfreude ist. Aromatisieren Sie den Porridge im Winter zusätzlich mit 1/2 TL Zimt. Oder Sie rösten die Haferflocken vor dem Kochen in etwas Butter an, dann kommt noch eine nussige Note dazu.

Hirseschmarrn mit karamellisiertem Apfel

FÜR 2
PORTIONEN

50 g Hirse
200 ml Milch oder
Wasser
1–2 Äpfel
1–2 EL Zucker
1 EL Butter
1 EL Zitronensaft
Nelkenpulver
Zimt

Sind Kinder erst einmal auf diesen Geschmack gekommen, dann lieben sie den Hirseschmarrn – als Frühstück oder Zwischenmahlzeit. Zum Mitnehmen gart man die Hirse am besten schon am Vorabend, sodass sie am nächsten Morgen nur noch mit den Äpfeln zusammen karamellisiert werden muss.

■ Die Hirse waschen, in einem Topf mit der Milch aufkochen lassen und nach Packungsanleitung etwa 8 Minuten lang bei mittlerer Hitze zugedeckt kochen lassen. Danach auf kleinster Stufe zugedeckt 15 Minuten ausquellen lassen.

■ Apfel schälen, vierteln, vom Kerngehäuse befreien und in Spalten schneiden. Den Zucker in der Pfanne schmelzen lassen, mit der Butter zusammen bei mittlerer Hitze unter Rühren karamellisieren lassen.

■ Die Apfelspalten und den Zitronensaft dazugeben und bei niedriger Temperatur zugedeckt einige Minuten weich garen.

■ Die Hirse hinzufügen und unter Rühren anbraten, bis eine leichte Kruste entsteht. Mit Nelkenpulver und Zimt würzen.

TIPP

Statt Zucker können Sie auch Honig zum Karamellisieren verwenden. Wem der Schmarrn noch nicht süß genug ist, fügt noch etwas Zucker, Honig oder Ahornsirup hinzu.

Fisch-Lasagne

FÜR 3
PORTIONEN

Für die Tomaten-soße
1 Zwiebel
2 EL Olivenöl
500 ml passierte
oder geschälte
Tomaten
100 ml Wasser
1–2 EL Estragon und
Thymian
Salz
Pfeffer aus der Mühle

Für die Béchamel-soße
3 EL Butter
3 EL Mehl
300 ml Milch
Salz
Muskatnuss

200 g Brokkoli
400 g grätenloses
Fischfilet
6–9 Lasagne-Blätter
150 g Mozzarella

Jede Art von Lasagne lässt sich prima einpacken und mitnehmen. Diese Version mit Fisch und Brokkoli schmeckt warm und kalt – und bietet gerade im Sommer eine leckere und sättigende Kost.

▍ Für die Tomatensoße die Zwiebel schälen und fein hacken. In einem Topf mit Olivenöl einige Minuten unter Rühren anschwitzen lassen. Die Tomaten und das Wasser dazugeben. Mit Estragon, Thymian, Salz und Pfeffer würzen und zugedeckt bei niedriger Hitze so lange wie möglich köcheln lassen.

▍ Den Backofen auf 200 °C vorheizen. Für die Béchamelsoße die Butter im Topf aufschäumen und das Mehl einrühren, kurz anschwitzen. Mit der Milch aufgießen, rühren und aufkochen, dabei mit dem Schneebesen kräftig rühren. Einige Minuten zugedeckt köcheln lassen, bis sich der Mehlgeschmack verliert. Mit Salz und Muskatnuss abschmecken.

▍ Den Brokkoli putzen, vom Strunk befreien und in kleine Röschen teilen. Waschen und einige Minuten in kochendem Wasser bissfest garen.

▍ Das Fischfilet in mundgerechte Stücke schneiden.

▍ Eine eckige Backform mit Lasagne-Blättern auslegen und mit einem Teil der Tomatensoße abdecken. Zuerst einen Teil des Fischs, dann einige Brokkoliröschen darübergeben und etwas Béchamelsoße mithilfe eines Esslöffels darauf verteilen. Dann wieder mit Lasagne-Blättern belegen und in der beschriebenen Reihenfolge weiter schichten, die letzte Lage sollte Béchamelsoße sein.

▍ Abschließend den Mozzarella in dünne Scheiben schneiden, darüber schichten und die Lasagne 30 bis 40 Minuten im vorgeheizten Ofen backen.

TIPP

Je länger die Tomatensoße im Topf köcheln darf, desto fruchtiger und aromatischer wird die Lasagne. Ich lasse die Tomaten nach Möglichkeit mindestens 1 Stunde zugedeckt bei niedriger Hitze kochen.

Kartoffelsalat mit Maiskolben

Neue Kartoffeln schmecken als Salat besonders fein. In Kombination mit den sonnengelben Maiskolben lässt sich dieses Essen gut transportieren und ist unschlagbar lecker – nicht nur für Kinder!

FÜR 2 PORTIONEN

2 Maiskolben
10 kleine neue Kartoffeln
50 g Joghurt aus Ziegen-, Schafs- oder Kuhmilch
1 EL Olivenöl
1 EL Dijonsenf

■ Die Maiskolben waschen und in kochendem Wasser 20 bis 30 Minuten bissfest garen. Die Kartoffeln gründlich waschen und mit Schale in etwa 15 Minuten weich kochen. In Stücke oder Scheiben schneiden.

■ Für das Dressing Joghurt, Olivenöl, Senf, Petersilie, Schnittlauch, Basilikum, Salz und Pfeffer gut verrühren. Das Dressing unter die Kartoffeln heben und einige Zeit ziehen lassen, dann mit Salz abschmecken.

■ Die Maiskolben in einem Sieb abtropfen lassen und mit Butter bestreichen.

1–2 EL frisch gehackte Petersilie, Schnittlauch und Basilikum
Salz
Pfeffer aus der Mühle
2 EL Butter

Gemüse-Wraps

FÜR 2
PORTIONEN

Für den Teig
150 ml Milch
1 Ei
100 g Mehl
Salz
2 Stängel Koriander
oder Petersilie
Olivenöl

Für die Füllung
1 Zucchini
Olivenöl
Salz
3–4 Stängel Basili-
kum
1 kleine Zwiebel
1 Knoblauchzehe
1 Chilischote
1 kleiner Radicchio
1–2 EL Balsamico
1 Tomate
4 Salatblätter
4 EL ARTISAN-
Mayonnaise (Rezept
auf Seite 39) oder
Joghurt-Senf-Soße

Wenn ich Pfannkuchen zubereite, brate ich meistens gleich ein paar mehr, als ich gerade brauche. Am nächsten Tag befülle ich sie dann mit allerlei Gemüse, Kräutern und Soße – und esse sie unterwegs, eingerollt als „Wrap".

■ Für die Wraps Milch, Ei, Mehl, Salz und die fein gehackten Korianderblätter mit einem Schneebesen gut verrühren. Jeweils 1–2 EL Olivenöl in einer Pfanne erhitzen und aus dem Teig portionsweise 4 dünne Wraps ausbacken. Auf einen Teller legen und nach Wunsch warm stellen.

■ Die Zucchini waschen und in kleine Würfel schneiden. In einem Topf mit 1 EL Olivenöl einige Minuten braten, bis die Zucchini weich ist. Mit 1–2 EL Olivenöl pürieren, salzen und mit dem klein geschnittenen Basilikum würzen.

■ Zwiebel und Knoblauch schälen und klein würfeln. Die Chilischote putzen, waschen, nach Wunsch die Kerne entfernen und die Chili in feine Ringe schneiden. Den Radicchio waschen, trocken schleudern, vierteln und den Strunk keilförmig herausschneiden.

■ In einer Pfanne 2 EL Olivenöl erhitzen, Zwiebel, Knoblauch und Chili unter Rühren darin anbraten. Den Radicchio nur kurz und bei geringer Hitzezufuhr mitbraten, dabei einmal wenden. Mit Balsamico ablöschen und die Pfanne von der heißen Herdplatte ziehen.

■ Die Tomate waschen, den Stielansatz keilförmig herausschneiden, die Tomate in kleine Würfel schneiden. Die Salatblätter waschen und trocken schleudern.

■ Jeden Wrap mit 1 EL Mayonnaise bestreichen und 1 Salatblatt darauflegen. Das Zucchinipüree darauf verteilen, den Radicchio und die Tomatenwürfel darübergeben. Die Wraps fest einwickeln, den unteren Rand umknicken und zum Mitnehmen stabil in Folie verpacken.

TIPPS

Durch das Erhitzen verliert der Radicchio schnell seine leuchtend rote Farbe – der Geschmack und die knackige Konsistenz bleiben jedoch erhalten! Wem Radicchio zu bitter ist, karamellisiert ihn beim Braten mit etwas Zucker oder ersetzt ihn durch ein anderes Gemüse, beispielsweise Zucchini, Paprika und Pilze. Kinder mögen die Wraps gerne mit Brokkoli oder Romanesco und Mais.

Herbst

Hokkaido-Aufstrich

Der wunderbar orangefarbene Hokkaidokürbis ist perfekt für eine „faule Köchin" wie mich: Diesen Kürbis muss man nicht schälen – seine Schale kann man einfach mitkochen und aufessen.

ZUM MITNEHMEN

Ein Brötchen aufschneiden und beide Hälften mit etwas Olivenöl beträufeln. 2 bis 4 gewaschene und trocken geschleuderte Salatblätter (z. B. Endivie) in Streifen schneiden und auf eine Brötchenhälfte legen, darauf den Aufstrich großzügig mit einem Löffel verteilen. Gurkenscheiben darauflegen und die Brötchenhälften aufeinandersetzen.

FÜR CA. 300 G

etwa 250 g Hokkaidokürbis
1 kleine Zwiebel
4–5 EL Olivenöl
6 cl Wasser
Salz
2 EL Sesamsamen oder geriebene Nüsse
1 TL Madras Curry oder Currypulver

■ Den Hokkaidokürbis sorgfältig waschen und mit einem scharfen Messer in zwei Hälften teilen. Die Kerne mit einem Esslöffel herausschaben und die passende Menge Kürbis abwiegen. Mit Schale in kleine Stücke schneiden, die Zwiebel schälen und klein würfeln.

■ In einem Topf 2 EL Olivenöl erhitzen und zuerst die Zwiebelwürfel anschwitzen, dann die Kürbisstücke dazugeben und unter Rühren kurz anbraten. Das Wasser und etwas Salz hinzufügen. Etwa 15 bis 20 Minuten kochen, bis der Kürbis weich wird und zerfällt, bei Bedarf etwas Wasser nachgießen.

■ Den Sesam ohne Fett in einer Pfanne unter ständigem Rühren anrösten und gleich aus der heißen Pfanne nehmen. Den Kürbis mit Sesam und Curry verrühren und so viel Öl dazugießen, bis der Aufstrich schön sämig ist, mit Salz abschmecken.

■ Gekühlt und luftdicht verschlossen ist der Hokkaido-Aufstrich etwa 4 Tage haltbar, er lässt sich aber auch gut einfrieren.

Sellerieschnitzel in Kräuterpanade

Sellerie in Bestform: Das geschmacksintensive Gemüse wird im Kochtopf meistens eher zurückhaltend dosiert – bei diesem Rezept greift man gerne zu! Auch Kinder mögen die panierten Gemüseschnitzel mit Biss.

TIPP

Als leckere Varianten die Sellerieschnitzel mit Sesamsamen panieren oder das Paniermehl mit geriebenem Parmesankäse vermischen.

FÜR 2 PORTIONEN

Für die Sellerieschnitzel
1 kleiner Knollensellerie
4–6 EL frische Kräuter nach Wahl (z. B. Petersilie, Thymian, Oregano, Liebstöckel)
5–6 EL Paniermehl
3–4 EL Mehl
1 Ei
Salz
3 EL Sonnenblumenöl

Für den Salat
2 Handvoll Feldsalat
3 EL Kürbiskernöl
1 EL Essig oder Saft von 1/2 Zitrone
1 TL scharfer Senf
Salz
Pfeffer aus der Mühle
1 Karotte
1–2 EL gehackte Wal- oder Haselnüsse

■ Den Sellerie gründlich schälen und in Scheiben schneiden (ca. 1 cm dick). Die Kräuter waschen, trocken schleudern und fein hacken. In einem tiefen Teller mit dem Paniermehl vermischen.

■ In einen zweiten Teller das Mehl geben, in einem dritten tiefen Teller das Ei mit etwas Salz verquirlen. Jede Selleriescheibe zuerst in Mehl wenden, dann durch das Ei ziehen. Zuletzt im Paniermehl wenden, dabei die Panade etwas andrücken.

■ In einer Pfanne das Sonnenblumenöl erhitzen. Die Sellerieschnitzel bei mittlerer Hitze von beiden Seiten goldgelb braten. Auf Küchenkrepp abtropfen lassen.

■ Den Feldsalat gründlich waschen und trocken schleudern. Für das Dressing Öl, Essig, Senf, Salz und Pfeffer mit einer Gabel schaumig rühren.

■ Die Karotte schälen oder mit einer Gemüsebürste säubern, grob raspeln und mit den Nüssen zusammen über den Salat geben. Die Soße darüber träufeln oder für den Transport in ein kleines Schraubglas füllen.

Auf Vorrat kochen: Hühnerfleisch

Wenn ich gerade Zeit und Muße zum Kochen habe, dann bereite ich immer wieder gerne ein Huhn im Ganzen zu. Das bildet die Basis für mehrere, ganz unterschiedliche Gerichte, die ich dann zur gewünschten Zeit fertig koche (siehe folgende Rezepte). Die einzelnen Stücke kühle oder friere ich so lange ein, bis ich sie brauche. Das ist im Alltag sehr praktisch! Zudem liebe ich das intensive Aroma einer selbstgemachten Hühnersuppe aus dem Suppenfleisch, das mir beim Kauf der einzelnen Teile entgehen würde.

Ein ganzes Huhn zubereiten

1 Huhn
3 EL Öl
Je 1 EL Rosmarin, Thymian und Rosenpaprika
Salz
3 EL Marmelade, z. B. Pflaume oder Aprikose
1/4 l Wasser

■ Den Backofen auf 180 °C vorheizen. Das Huhn waschen, trocken tupfen und auf der Unterseite in einen Bräter legen. Das Öl in einer kleinen Schüssel mit den Gewürzen und Salz vermischen. Das Huhn innen und außen mit der Marinade einreiben.

■ Das Huhn im Bräter ohne Deckel im vorgeheizten Backofen etwa 1 Stunde garen lassen. Nach 30 Minuten Backzeit die Marmelade und das Wasser vermischen und über das Huhn in den Bräter gießen. Während des Fertigbackens noch zwei weitere Male mit einem Löffel etwas Bratensaft über das Huhn gießen.

■ Das gegarte Huhn vorsichtig auf ein Brett legen und mit einem scharfen Messer in Stücke aufteilen: Beide Brüste, Keulen und Flügel abtrennen, die Hühnerkarkasse umdrehen und die saftigen Stücke der unteren Seite ablösen. Reste, die sich schwer ablösen lassen, kommen mitsamt den Knochen zum Suppenfleisch.

■ Die einzelnen Teile je nach geplanter Verwendung gleich weiter verarbeiten, kalt stellen oder tiefgefrieren. Dabei den Bratensaft nicht vergessen: entweder gleich mitverspeisen oder abfüllen und kalt stellen.

Lieblingsstück
mit Röstgemüse

FÜR 2
PORTIONEN

1 Zwiebel
1 Zucchini
2 Karotten
300 g gegarte Hüh-
nerbrust oder -keule
(siehe Rezept links)
2 EL Olivenöl
etwas Bratensaft
(siehe Rezept links)
Salz

Sind Sie ein Brust- oder Keulenliebhaber? Mein Lieblingsstück genieße ich gerne zusammen mit buntem Röstgemüse. Dabei sorgt der Bratensaft vom Garen des Huhns für ein Geschmacks-erlebnis, das mich in Feiertagslaune versetzt.

◼ Die Zwiebel schälen und je nach Geschmack in dünne oder dickere Ringe schneiden. Zucchini und Karotten putzen, waschen, der Länge nach halbieren oder vierteln und in Stücke schneiden.

◼ Zwiebel, Zucchini und Karotte entweder nach 40 Minuten zum Huhn in den Bräter dazugeben (siehe Rezept links) oder in einer Pfanne mit Olivenöl bei mittlerer Hitze bissfest anrösten, dann etwas Bratensaft dazugießen.

◼ Mit Salz abschmecken, auf Tellern anrichten oder in einer iso-lierenden Lunchbox verpacken.

TIPP

Der Bratensaft mit Marmelade und Gewürzen dient als Soße für das Röst-gemüse und rundet das Aroma perfekt ab.

Selbstgemachte Hühnersuppe

FÜR 1 LITER

Knochengerüst vom
Huhn und Knochen
von Keule und/oder
Flügel (Rezept auf
Seite 102)
1 Zwiebel
2 Karotten
50 g Sellerie
1 l Wasser
Salz
Majoran
Liebstöckel
1/2 Bund Schnitt-
lauch

In der kälteren Jahreszeit ist es eine wahre Wohltat, eine selbstgemachte Hühnersuppe zu löffeln. Auch davon koche mir gleich
einen Vorrat, den ich in kleinen Portionen einfriere.

■ Die Hühnerknochen mit den anhaftenden Fleischresten in einen großen Topf geben. Die Zwiebel schälen und klein würfeln.
Karotten putzen, mit der Gemüsebürste säubern und in Stücke
schneiden. Sellerie putzen, schälen und klein würfeln.

■ Zwiebel, Karotte und Sellerie in den Topf zum Huhn geben,
mit Salz, Majoran und Liebstöckel würzen und mit dem Wasser
aufgießen. Aufkochen lassen und zugedeckt bei niedriger Temperatur etwa 1 Stunde sanft köcheln.

■ Die Suppe durch ein Sieb in einen anderen Topf gießen und
warm halten.

■ Alle Fleischteile von den Knochen lösen, in mundgerechte
Stücke schneiden und nach Wunsch dabei die Haut ablösen. Das
Fleisch zusammen mit dem gegarten Gemüse nach Wahl zur
Suppe geben. Mit Schnittlauchröllchen garnieren.

TIPPS

Je nach Geschmack
lässt sich diese Sup-
pe pur mit Hühner-
fleisch oder mit dem
Suppengemüse zu-
sammen genießen.
Ich mag gern die
Karottenstücke dazu.
Auch Suppennudeln,
Reis oder Grießno-
ckerl passen gut.

Wraps mit Hühnerfleisch

FÜR 2
PORTIONEN

250 g gegarte Hüh-
nerkeule oder -brust
(Rezept auf Seite102)
6 cm Salatgurke
2 Tomaten
2 Handvoll
Salatblätter
4 EL Naturjoghurt
2 TL Dijonsenf
2–3 EL ARTISAN-
Mayonnaise (Rezept
auf Seite 102)
1 TL Currypulver
2 Tortilla-Wraps
(Fertigprodukt oder
Rezept Seite 95)

Wraps sind immer eine Überraschung – optisch und geschmack-
lich. Welche Zutaten Sie auch darin verpacken: Es macht Spaß,
mit den Fingern zu essen. Servietten bereitlegen und los gehts!

■ Bei Verwendung der Keule das Hühnerfleisch vom Knochen
lösen und in kleine Stücke schneiden. Die Hühnerbrust in dünne-
re Scheiben schneiden. Nach Wunsch vor dem Verzehr nochmals
kurz in einer Pfanne erwärmen.

■ Die Gurke waschen, nach Geschmack schälen und in dünne
Stifte schneiden. Die Tomaten waschen, von Strunk und grünen
Teilen befreien und in mundgerechte Stücke würfeln. Die Salat-
blätter waschen und trocken schleudern. Für die Soße Joghurt,
Senf, Mayonnaise und Currypulver vermischen.

■ Die Tortillas nacheinander in einer Pfanne erwärmen, bis sie
weich werden. Jeweils auf einen großen Teller legen und zuerst
mit den Salatblättern belegen. Darauf etwas Soße geben, dann
folgen Gurkenstifte, Fleischstücke und Tomatenwürfel. Zuletzt
den Rest Soße darauf verteilen.

■ Das untere Teil der Wraps hochklappen, dann die Seitenteile
einschlagen. Bei Bedarf mit jeweils einem Zahnstocher fixieren.

TIPP

Für ein „Essen to go"
den Wrap stabil in
Alufolie einpacken
und am besten
zusätzlich in einen
Behälter legen.

Gersten-Risotto mit Huhn und Salbei

FÜR 2
PORTIONEN

100 g Gerste
1 Knoblauchzehe
4 Salbeiblätter
2 EL Olivenöl
200 g Hühnerfleisch
(Brust oder Keule)
1/2 l Hühnersuppe
(Rezept auf Seite
104)
Salz
2 EL Butter
50 g geriebener Parmesan oder Pecorino
Pfeffer aus der Mühle
1/4 Bund Schnittlauch

Probieren Sie doch mal ein „Risotto" aus Gerste – diese Körner besitzen deutlich mehr Biss als Reis und eignen sich nach meinem Geschmack hervorragend für dieses Gericht. Als Kochflüssigkeit verwende ich selbstgemachte Hühnersuppe oder Hühnerbrühe aus dem Glas – zusammen mit dem Hühnerfleisch und dem Salbei ein Genuss.

■ Die Gerste in einem Sieb unter fließendem Wasser waschen und abtropfen lassen. Die Knoblauchzehe schälen und fein hacken. Bei Verwendung von frischen Salbeiblättern diese waschen und trocken tupfen. Die Salbeiblätter in feine Streifen schneiden.

■ Das Olivenöl in einem Topf erhitzen, das klein geschnittene Hühnerfleisch darin anbraten, Knoblauch und Gerste dazugeben. Nach und nach die Hühnersuppe in kleineren Mengen dazugießen: Sobald die Flüssigkeit wieder verkocht ist, neue dazugießen, dabei immer wieder umrühren.

■ Etwa 30 Minuten sanft köcheln lassen, den Salbei untermischen und salzen. Wenn die Gerste die gewünschte Konsistenz erreicht hat, die Butter und den Käse unterheben, mit Salz und Pfeffer abschmecken. Den Schnittlauch waschen, in kleine Röllchen schneiden und das Risotto damit garnieren.

TIPP

Für ein „Risotto to go" die Gerste nur etwa 20 Minuten kochen und mitsamt der verbliebenen Hühnersuppe in einen Behälter geben. Bis das Gericht Stunden später verspeist wird, sind die Gerstenkörner weich und die Kochflüssigkeit ist verschwunden.

Hühnersandwich
mit Mango-Chutney

FÜR 2
SANDWICHES

2 EL ARTISAN-Ma-
yonnaise (Rezept auf
Seite 39)
1 EL Naturjoghurt
Salz
Pfeffer aus der Mühle
100 g gegartes Hüh-
nerfleisch (Rezept
auf Seite 102)
1 rote Gemüsepa-
prika
4 Scheiben Toast-
oder Kastenbrot
2 EL Mango-Chutney

Falls von dem ganzen Huhn (Rezept Seite 102) noch ein Rest Fleisch übrig geblieben ist, lassen sich damit im Handumdrehen köstliche Sandwiches zubereiten.

■ In einer kleinen Schüssel die Mayonnaise mit dem Joghurt vermischen, mit Salz und Pfeffer würzen. Das Hühnerfleisch in mundgerechte Stücke teilen und unterheben.

■ Die Paprika waschen und vom Strunk, weißen Trennwänden und Kernen befreien, in ca. 8 Streifen schneiden.

■ Zwei Brotscheiben mit Mango-Chutney bestreichen, die Hühner-Mayonnaise darüber verteilen und die Sandwiches mit den Paprikastreifen belegen.

■ Jeweils die zweite Brothälfte darüberklappen, vorsichtig festdrücken und beide Sandwiches mit einem scharfen Messer diagonal durchschneiden.

Behälter zum Mitnehmen

„Essen to go" ist ein Thema unserer Zeit – entsprechend groß ist das Angebot an Verpackungen für diesen Zweck. Viele geeignete Materialien sind oft schon im eigenen Haushalt vorhanden: Alu- oder Klarsichtfolien, Plastikdosen, Papiertüten, Kartonagen, Servietten und Stoffhüllen.

Darüber hinaus lockt der Handel mit allerlei praktischen, technisch ausgefeilten und bunten Behältern in den verschiedensten Größen und Ausführungen. Besonders empfehlenswert sind dabei isolierende Lunchboxen und -taschen, Gefäße mit mehreren Fächern und abnehmbaren Deckeln (Bentoboxen) und zusammensetzbare Schalen mit Tragegriff (Henkelmänner). Für den Transport und die Aufbewahrung von Getränken, aber auch von Suppen, Eintöpfen und Currys eignen sich gut isolierende Thermoskannen.

Ob aus Keramik, Glas, Kunststoff, Aluminium, Edelstahl oder Holz: Die Anschaffung von guten, sicher schließenden Behältern lohnt sich – da sie im Alltag immer wieder verwendet werden können.

Behälter zum Mitnehmen werden aus verschiedenen Kunststoffen, aber auch aus Keramik, Holz oder Glas angeboten. Gerade bei Verpackungen aus Kunststoff sollte man sichergehen, dass beim Transport von heißen Lebensmitteln keine Schadstoffe in das Essen übergehen können. Wer seine Mahlzeit lieber in Glasgefäße verpackt, ist immer auf der sicheren Seite. Glas ist „inert", es geht also keinerlei Verbindung mit dem Füllgut ein. Das bedeutet, dass Glas fremde Inhaltsstoffe weder aufnimmt noch abgibt. Auch die Hygiene ist gesichert, da man Glas kochend heiß waschen kann. Der Umwelt zuliebe lässt es sich zudem immer wieder verwenden. Einfache Schraubgläser erfüllen also bestens ihren Zweck, halten die Mahlzeiten jedoch nicht so lange warm wie spezielle isolierende Behälter.

Je nach Inhalt sind leichtere Verpackungen wie Klarsicht- oder Alufolie, Backpapier oder Papiertüten besser geeignet als Glas. Die so eingepackten Sandwiches, Wraps oder Hühnerkeulen können dann noch zusätzlich in Plastikdosen verwahrt werden. Auch verschließbare Plastiktüten mit Zipper leisten gute Dienste, zum Beispiel für Früchte, belegte Brote oder Gemüse. Für Müsli oder weichere, flüssige Speisen sind dagegen sicher schließende Schraubgläser besser geeignet.

Oder wollen Sie sich selbst und ihre Lieben mit einer selbstgemachten Verpackung erfreuen? Für eine Lunchbox kleidet man dazu einfach einen individuell bemalten oder beklebten Karton (mit Deckel) innen mit Alufolie oder einem bunten Seidenpapier aus. Außer dem Proviant legen Sie noch Besteck mit hinein – und eine Papierserviette oder ein Stofftuch.

Auch andere Gefäße und Verpackungen aus dem eigenen Haushalt lassen sich zu Mitnahme-Behältern umfunktionieren (siehe z. B. Seite 53, Karottenpuffer mit Schnittlauchsoße). Hat man erst einmal sein Augenmerk darauf gerichtet, findet jedes Essen einen geeigneten Platz.

Zum Transport von mehreren Behältern mit Essen und Trinken eignet sich ein Korb oder eine stabile Tasche mit breitem Boden. Gerade wenn man den Proviant im Auto mitnimmt, ist ein sicherer Stand wichtig; zudem sollte sich der Korb an Ort und Stelle gut fixieren lassen. Die darin nebeneinander stehenden Behälter lassen sich auch zusätzlich noch durch umwickelte Stoffservietten oder Küchentücher stabilisieren. Das wiegt nicht viel und schützt vor unerfreulichen „Transportschäden".

Tipps zum Mitnehmen

... für den Sommer

Damit das selbst gemachte Essen auch lecker bleibt, ist gerade im Sommer eine passende und schützende Verpackung wichtig. Im Büro, am Strand oder im Auto müssen die Leckereien in einer isolierenden Box oder Tasche vor Hitze geschützt werden. Ein bewährter Tipp ist, am Vorabend eine Plastikflasche voller Wasser einzufrieren und diese am folgenden Tag mit im Gepäck zu verstauen. Das kühlt Proviant wie Sandwiches, Gemüse, Obst – und dient zugleich als erfrischendes Getränk. Wählen Sie zudem Lebensmittel aus, denen die Hitze nicht so leicht etwas anhaben kann. Dazu zählen gekochtes Gemüse und zubereitetes Obst oder Rezepte mit Hartkäse. Fisch und Fleisch halten dagegen weniger lange durch. Auch mancher Salat eignet sich sehr gut zum Mitnehmen (siehe dazu Seite 74) – wenn er gekühlt wird und man das Dressing gesondert in einem Schraubdeckelglas transportiert.

Sollen Speisen warm gehalten werden oder im Sommer vor Hitze geschützt werden, eignen sich isolierende Behälter. Kommt es darauf nicht an, gibt es zahlreiche Verpackungsmöglichkeiten – aus dem eigenen Haushalt oder im Handel.

... für den Winter

Auch im Winter sind isolierende Behälter oder Taschen ideal. Für einen Ausflug im Schnee verpacke ich die kleinen Köstlichkeiten sorgfältig, damit sie auch Stunden später noch eine angenehme und wohltuende Temperatur besitzen. Dazu gibt es heißen Tee mit Pfefferminze und Salbei. Sandwiches passen gut in den Winter – oder natürlich Suppen und Eintöpfe, die sich wie Tee gut in einer weithalsigen Thermoskanne transportieren lassen. Damit kann man sogar Brühwürste wie Wiener oder Frankfurter Würstchen frisch zubereiten: Das heiße Wasser aus der Thermoskanne über die Würstchen gießen, einige Minuten ziehen lassen – und schon hat man heiße, knackige Würstchen! Wenn Sie dann das Brötchen zuvor noch mit Ketchup und Senf bestreichen, ist der Hotdog im Nu fertig. Besonders Kinder lieben dieses Essen, das im Winter auch gleich noch die Hände wärmt. Auf Obst als Proviant verzichte ich meist während der kalten Jahreszeit; dafür nehme ich immer ein paar Kekse oder einige Stücke Schokokuchen in Kastenform mit – als süßen Abschluss.

Rote Glasnudeln

Ganz ohne künstliche Farbstoffe kann man mit Roter Bete ein rotes bis pinkfarbenes Essen zaubern. Die intensive Farbe versprüht Freude und Kraft – und die „inneren Werte" der Roten Bete versorgen uns mit wertvollen Vitalstoffen.

Für 2 Portionen

500 g Rote Bete
400 ml Wasser
150 g Reis- oder Glasnudeln
2–4 Knoblauchzehen
1 Chilischote nach Geschmack
2 EL Olivenöl
Salz
3–5 Stängel Koriandergrün oder Petersilie

■ Die Rote Bete schälen und in kleine Würfel schneiden, dabei eventuell Einmal-Handschuhe benutzen, um ein Abfärben zu vermeiden. Das Wasser in einem Topf zum Kochen bringen und die Rote Bete darin zugedeckt etwa 10 Minuten weich kochen. Beim Absieben das rote Kochwasser in einer Schüssel auffangen.

■ Die Reisnudeln nach Packungsbeschreibung gar kochen. Die Knoblauchzehen schälen und fein hacken. Die Chilischote waschen, putzen, nach Wunsch entkernen und in feine Ringe schneiden.

■ Das Olivenöl in einem Topf erhitzen, Knoblauch und Chili unter Rühren darin anschwitzen. Die Glasnudeln und etwas rotes Kochwasser dazugeben, salzen und vorsichtig durchmischen. Die Rote Bete darübergeben und mit dem fein gehackten Koriandergrün garnieren.

Herbstrollen aus Blätterteig und Weißkohl

Ich habe meistens küchenfertigen Blätterteig im Kühlschrank, weil sich daraus im Handumdrehen appetitliche Rollen formen lassen. Die Füllung der Rollen können Sie leicht nach Ihrem Geschmack und den gerade vorhandenen Vorräten variieren. Auch zum Mitnehmen sind die Blätterteigrollen sehr praktisch.

TIPP

Für einen pikanten Geschmack das Gemüse zusammen mit einer halben, entkernten und in feine Ringe geschnittenen Chilischote anbraten.

FÜR CA. 8 STÜCK

1 Zwiebel
200 g Weißkohl
1 Karotte
2 EL Olivenöl
1 TL Salz
3 EL Sojasoße
1 Rolle Blätterteig (275 g)
2 EL Butter

■ Den Backofen auf 200 °C vorheizen. Die Zwiebel schälen und in feine Ringe schneiden. Vom Weißkohl den Strunk und die äußeren Blätter entfernen, den Kohl in schmale Streifen schneiden. In einem Sieb unter fließendem Wasser waschen, abtropfen lassen. Die Karotte mit der Gemüsebürste waschen, putzen und grob raspeln.

■ Das Olivenöl in einer Pfanne erhitzen. Zwiebel, Weißkohl und Karotte einige Minuten bei mittlerer Hitze unter Rühren anbraten, bis die Zwiebel glasig ist. Salzen und mit der Sojasoße ablöschen, dann die Pfanne von der heißen Herdplatte nehmen.

■ Den Blätterteig mitsamt dem beigefügten Backpapier auf einem Backblech auseinanderrollen. Mit einem scharfen Messer in 8 gleich große Vierecke schneiden. Das Pfannengemüse auf den Teigstücken verteilen. Den Teig jeweils an zwei gegenüberliegenden Seiten über dem Gemüse einschlagen und von einer der beiden anderen Seiten vorsichtig einrollen, dann leicht festdrücken. Die Butter schmelzen und die Rollen damit bestreichen. Etwa 20 Minuten backen, bis die Blätterteigrollen goldgelb sind.

Gebackene Kürbisspalten mit Bulgur und Schafskäse

FÜR 2
PORTIONEN

500 g Hokkaido-
kürbis
etwas Butter für die
Form
Salz
frisch gemahlene
Muskatnuss
6 EL Olivenöl
120 g Bulgur
80 g Schafskäse
Pfeffer aus der Mühle
2 EL frisch gehackte
Petersilie

Bulgur ist vorbehandelter Weizen und zählt im Orient zu den Grundnahrungsmitteln. Bei der Gewinnung werden die Weizenkörner teilweise geschält, gedämpft und getrocknet, bevor sie grob oder fein zerkleinert werden. In der Küche lässt sich Bulgur so vielfältig wie Reis verwenden. Auch dieses Rezept ist je nach Gelegenheit ganz vielseitig einsetzbar: als komplettes herbstliches Mittagessen zu Hause, zum Mitnehmen, kalt und warm genießen oder als Beilage zum Sonntagsbraten.

▨ Den Backofen auf 200 °C vorheizen.

▨ Den Hokkaidokürbis sorgfältig waschen und mit einem scharfen Messer in zwei Hälften teilen. Die Kerne mit einem Esslöffel herausschaben und die passende Menge Kürbis abwiegen. Den Kürbis mit Schale in etwa 8 Spalten schneiden. In eine gefettete Auflaufform legen, mit Salz und Muskatnuss würzen und mit 3 EL Olivenöl beträufeln. Im vorgeheizten Ofen etwa 20 Minuten backen, dabei nach 10 Minuten etwa 4 cl Wasser nachgießen.

▨ Den Bulgur waschen, in Wasser aufkochen und bei geringer Hitzezufuhr etwa 10 bis 20 Minuten quellen lassen (siehe Packungsangabe). Bulgur auf den Kürbisspalten in der Auflaufform verteilen, Schafskäse mit den Händen darüber bröseln. Salzen, pfeffern und mit der Petersilie bestreuen. Mit 3 EL Olivenöl beträufeln und weitere 10 bis 15 Minuten backen.

TIPP

Der überbackene Kürbis schmeckt auch zu kleinen Hackfleischbällchen sehr gut.

Gefüllte Paprika mit Quinoa

FÜR 2
PORTIONEN

4 bunte Gemüsepaprika
1 große Zwiebel
2 Knoblauchzehen
3 EL Olivenöl
1–2 EL Zucker
800 g geschälte Tomatenwürfel (2 Dosen)
100 ml Wasser
Salz
Pfeffer aus der Mühle
100 g Quinoa
3–4 EL frische Kräuter (Majoran, Oregano, Salbei, Rosmarin)
100 g Schafskäse

Paprikaschoten färben graue Tage bunt! Ich wähle die Farbe nach meiner aktuellen Stimmung aus: rot, gelb oder grün. Am meisten Laune macht natürlich eine farbenfrohe Mischung.

■ Die Paprikaschoten waschen und ca. 1 cm rund um den Strunk eine Öffnung herausschneiden. Die Paprikadeckel beiseitelegen, Kerne und Trennwände entfernen. Zwiebel und Knoblauch schälen, fein hacken und in einem Topf mit erhitztem Olivenöl anbraten. Zucker dazugeben und rühren, bis er karamellisiert. Die Tomatenwürfel und das Wasser hinzufügen, rühren und mit Salz und Pfeffer würzen. Mindestens 20 Minuten sanft köcheln lassen.

■ Quinoa in einem Sieb unter fließendem Wasser waschen. Laut Packungsangabe etwa 15 bis 20 Minuten in kochendem Wasser zugedeckt garen lassen. Durch ein Sieb abgießen und gut abtropfen lassen. Die Kräuter untermischen und salzen.

■ Die Paprikaschoten jeweils zur Hälfte mit Quinoa befüllen, ein Stück Schafskäse hineinlegen und ganz mit Quinoa auffüllen. Die Paprikadeckel mit je einem Zahnstocker fixieren und die Paprikaschoten in den Topf mit der Tomatensoße stellen. Bei mittlerer Hitze etwa 30 Minuten zugedeckt köcheln lassen, bis die Paprika weich sind.

TIPPS

Der Topf sollte so einen Umfang haben, dass die 4 Paprika aufrecht und nebeneinander in der Tomatensoße stehen können. Dazu passen Salzkartoffeln.

Rotkohl mit Salbei-Polenta

FÜR 2 PORTIONEN

Für die Polenta
100 g Polenta (Mais-grieß)
Salz
1–2 EL getrockneter Salbei, Oregano oder Thymian

Für den Rotkohl
500 g Rotkohl
1 Zwiebel
2 Knoblauchzehen
1 cm Ingwer
1/2 Chili nach Geschmack
1 Apfel
3 EL Olivenöl
1 TL Koriandersamen

Werden die Tage kürzer und die Temperaturen kälter, spüren wir ein Bedürfnis nach Gewürzen wie Zimt, Koriander, Ingwer und Nelken. Diese Aromen passen besonders gut zum Rotkohl, den ich am liebsten mit reichlich Biss verspeise – aber das ist Geschmackssache.

■ Die Polenta nach Packungsbeschreibung in Wasser garen, salzen und die fein geschnittenen Salbeiblätter einrühren. Noch heiß auf ein mit Backpapier belegtes Backblech geben, dabei eine rechteckige Form bilden (ca. 1 cm dick). Die Masse mit einem Esslöffel glatt streichen und auskühlen lassen.

■ Die äußeren Blätter des Rotkohls entfernen, den Kohl vierteln und den Strunk keilförmig herausschneiden. Rotkohl in sehr feine Streifen schneiden, waschen und abtropfen lassen. Die Zwiebel schälen und in Ringe schneiden, Knoblauch und Ingwer schälen und fein hacken. Die Chili waschen, putzen, auf Wunsch entkernen und in feine Ringe schneiden. Den Apfel schälen, vom Kerngehäuse befreien und in kleine Würfel schneiden.

1 Msp Zimtpulver
1 Msp Nelkenpulver
Salz
100 ml Wasser

Für das Pesto
3 EL geriebene Nüsse
2 EL Sesamsamen
1/2 Bund frische Kräuter (z. B. Petersi-lie oder Basilikum)
6–8 EL Olivenöl
1/2 Knoblauchzehe
3 EL geriebener Parmesan
Salz
Pfeffer aus der Mühle

■ Das Olivenöl in einer Pfanne erhitzen. Zuerst Zwiebel, Knoblauch, Ingwer und Chili, dann Apfel und Rotkohl darin anbraten, dabei immer wieder umrühren. Mit dem im Mörser zerstoßenen Koriander, Zimt, Nelken und Salz würzen, das Wasser dazugießen. Den Rotkohl bei mittlerer Hitze je nach gewünschter Bissfestigkeit etwa 10 bis 30 Minuten zugedeckt köcheln lassen.

■ Für das Pesto die geriebenen Nüsse und den Sesam in einer heißen Pfanne ohne Fett unter Rühren kurz anrösten. Die Kräuter waschen und trocken tupfen, mit Olivenöl, Knoblauch, Parmesan und Salz kurz pürieren. Nüsse und Sesam unterheben.

■ Die ausgekühlte Polenta nach Wunsch in Streifen, Dreiecke oder Rauten schneiden. Olivenöl in einer Pfanne erhitzen und die Stücke bei mittlerer Hitze von beiden Seiten goldbraun anbraten.

Variante: Als Sandwich mit Ei

■ Auch mit Rotkohl lässt sich ein Sandwich belegen: Das Pesto aufs Brot streichen, Rotkohlgemüse darauf verteilen, und das Ganze nach Wunsch mit einem Spiegelei krönen.

TIPPS

Gebratene Polenta kann man gut mit der Hand essen – kalt oder warm. Kinder greifen besonders gerne zu, wenn die Stücke eine lustige Form haben, was mit Keksausstechern gut gelingt. Der Maisgrieß schmeckt auch als Brei zubereitet und erhält durch abwechselnde Zutaten wie Muskatnuss, Rosmarin oder geriebenen Käse immer wieder ein neues Aroma.

Currys als Mahlzeit

Das Wort „Curry" steht zum einen für verschiedenste indische Gewürzmischungen (mehr dazu auf Seite 124). Die zweite Bedeutung stammt aus dem Tamilischen, einer indischen Sprache: „Kari" heißt übersetzt „Soße". Mit „Curry" werden alle Gerichte bezeichnet, bei denen Zutaten wie Gemüse, Fleisch oder Fisch mit zahlreichen Gewürzen zusammen in einem Topf zubereitet werden. Durch die Zugabe von Kochflüssigkeit bilden diese Zutaten eine sämige Soße. Diese spielt bei allen Currys eine tragende Rolle. Dazu wird traditionell Reis oder Brot verspeist.

Indische Currys sind unseren Eintopfgerichten sehr ähnlich – durch die exotischen Gewürze schmecken sie jedoch ganz anders. Ausprobieren lohnt sich!

Die aus Indien stammenden Currys bereichern mehr und mehr unsere europäische Ess- und Eintopfkultur. Die exotisch anmutenden Gerichte sind unseren Eintöpfen auf den ersten Blick ganz ähnlich: Sie duften kräftig, sind wärmend und nahrhaft. Beide bereitet man aus Gemüse und weiteren sättigenden Zutaten zu, alle Bestandteile sind durch eine kräftig-deftige Soße miteinander verbunden.

So ähnlich Zutaten und Zubereitung sind – so verschieden sind die jeweiligen Gewürze und damit das gesamte Aroma. Der exotische Duft und der Geschmack eines Currys sind für uns Europäer etwas ganz Besonderes, das neugierig macht und uns leicht in genussvolle Urlaubsstimmung versetzt. Unsere einheimische Kulinarik zehrt bei diesem asiatischen Einfluss von der Globalisierung. Als geschmackliche Variationen von unseren geliebten Eintopfgerichten erfreuen wir uns mit allen Sinnen an den leckeren Alternativen einer „Weltküche".

Wie in diesem Buch beschrieben („Der Geschmack unserer Kinder" auf Seite 82), hat der regionale Bezug unserer Lebensmittel einen biologisch gerechtfertigten Hintergrund: Von Kind auf mögen wir das am liebsten, was wir gut kennen. Auch die Verdauung passt sich an die gewohnten Lebensmittel an. Obwohl ich meistens mit saisonalen Zutaten aus der Region koche, verwende ich mit Vergnügen exotische Gewürze. Falls diese jetzt gerade neu in Ihrer Küche ankommen: Tasten Sie sich am besten nach und nach heran, was Ihre geschmacklichen Favoriten sind und welche Dosis für Sie persönlich passt.

Für Kinder, besonders für die kleineren, muss gesagt werden, dass Currys als Mahlzeiten oft weniger gut geeignet sind. Aber auch Kinder kann man zuweilen durch den Verzicht auf scharfe Bestandteile für andere Esskulturen begeistern.

Currys als Essen to go

Currys zählen besonders in der kalten Jahreszeit zu meinen Lieblingsgerichten. Neben dem zauberhaften Aroma der Gewürze schätze ich dabei vor allem den praktischen Aspekt: Ich kann in kurzer Zeit ein schmackhaftes und originelles Essen zubereiten. Dazu bedarf es keiner speziellen Kochkunst – die kulinarische Abwechslung entsteht aus den leicht zu variierenden Zutaten. Besonders das „Orchester" der verschiedenen Gewürze lässt sich auf einfache Weise immer wieder neu „dirigieren".

Was mich darüber hinaus besonders fasziniert und zu den unterschiedlichsten Gerichten in meinen Tellern und Behältern führt: Für ein Curry kann man aus „Nichts" ein erstaunlich leckeres Essen zaubern. So lässt sich beispielsweise aus Kartoffeln, einer Zwiebel und einem Rest Gemüse im Nu eine komplette Mahlzeit zubereiten. Dazu kommt lediglich noch etwas Wasser oder Kokosmilch – und eine Auswahl an indischen Gewürzen. Verwerten Sie Ihre Reste doch auch einmal auf diese überraschend leckere Weise (siehe auch „Gemüse-Curry" auf Seite 126).

Currys kann man sowohl warm als auch kalt genießen, das macht sie zum idealen „Essen to go". Zum Verpacken braucht man lediglich einen gut schließenden Behälter. Im Sommer bevorzugen wir mittags eher kalte Mahlzeiten, in der kalten Jahreszeit packt man das Curry in eine isolierende Lunchbox oder wärmt es vor dem Verzehr nochmals auf. Bei einem heißen Curry entsteht ein ähnliches Essgefühl wie beim bekannten Eintopf: Ein heißer Teller voller Kraft und Wärme ist eine Wohltat für Körper und Seele.

Kaum ein Urlauber kommt aus Asien zurück, ohne nicht zumindest eine kleine Auswahl der fantastischen Gewürze im Reisegepäck mitzunehmen.

Curry als Gewürz:
Was steckt darin?

Grundlegend für ein gelungenes Curry-Essen ist ein gutes Curry-Gewürz. In Indien bereitet jede Hausfrau ihre eigenen Gewürzmischungen zu, die „Masalas". Diese sind sowohl individuell als auch regional sehr unterschiedlich. Man kann davon ausgehen, dass jede dieser Mischungen aus über 30 verschiedenen gemahlenen Gewürzen besteht. Ein Curry wiederum besteht aus mehreren Masalas: Es würde also eindeutig den Rahmen sprengen, alle Gewürze hier im Einzelnen aufzuführen. Das Currypulver, wie wir es bei uns im Supermarkt kaufen können, ist dagegen nicht so vielfältig und zudem an den europäischen Geschmack angepasst. Es enthält u. a. Kurkuma, Koriander, Kreuzkümmel, Pfeffer, Senfkörner, Ingwer und Bockshornklee. Beliebt sind auch Muskat, Chili, Fenchel, Zimt, Piment oder Knoblauch.

Übrigens gelangte das Curry-Gewürz ursprünglich in unsere Breiten, weil englische Kolonialherren im 18. Jahrhundert die herrliche bunte und aromatische Welt der indischen Gewürze mit zu sich nach Hause nehmen wollten. Fertige Gewürzmischungen waren dabei leichter zu transportieren und zu gebrauchen als die Vielzahl einzelner Gewürze.

Gemüse-Curry

1 Karotte
1 Pastinake
1–2 Kartoffeln
1 Zwiebel
1/2 Chilischote nach
Geschmack
1–2 cm frischer
Ingwer
500 g Brokkoli
1–2 EL Olivenöl
1 Msp Nelkenpulver
1 TL Kreuzkümmel-
pulver
1/2 TL Koriander-
samen
1/2 TL Kurkuma-
pulver
2 EL Marmelade oder
Mango-Chutney
170 ml Wasser
Salz

Dieses Gericht koche ich gerne im Herbst und Winter, wenn ich gerade verschiedene Gemüsereste übrig habe. Mit Kartoffeln und vielen Gewürzen zusammen verwandeln sich diese Reste in ein verlockend duftendes Essen, das sättigt und die Sinne betört.

▮ Karotte und Pastinake putzen und schälen, der Länge nach halbieren und in Stücke schneiden (etwa 1 cm groß). Kartoffeln schälen, kurz abwaschen und ebenfalls klein würfeln. Zwiebel schälen und klein hacken.

▮ Die Chilischote waschen, putzen, nach Wunsch entkernen und in feine Ringe schneiden. Ingwer schälen und fein reiben. Den Brokkoli waschen, Strunk abtrennen und kleine Röschen abschneiden.

▮ Olivenöl in einem Topf erhitzen, die Zwiebel darin anrösten. Chili, Ingwer, Nelkenpulver, Kreuzkümmel, zerstoßene Koriandersamen, Kurkuma und Marmelade dazugeben und umrühren. Karotte, Pastinake und Kartoffeln dazugeben, mit dem Wasser aufgießen, rühren und salzen.

▮ Das Gemüse zugedeckt etwa 15 Minuten köcheln lassen, gelegentlich umrühren und bei Bedarf noch etwas Wasser dazugießen. Die Brokkoliröschen untermischen und das Curry weitere 5 bis 10 Minuten fertig garen lassen, zuletzt abschmecken.

TIPP

Welche Gemüsearten Sie für dieses Curry verwenden, bleibt Ihrem Geschmack überlassen – und dem, was der Kühlschrank gerade hergibt.

Kartoffel-Bohnen-Curry

FÜR 2
PORTIONEN

6 Kartoffeln
1 Zwiebel
1 Knoblauchzehe
1 cm Ingwer
1/2 Chilischote
300 g Bohnen
2 EL Olivenöl
1/2 TL Kurkuma-
pulver
1/2 TL Kreuzkümmel-
pulver
1/2 TL Garam Masala
Salz
150 ml Wasser
Petersilie, Basilikum
oder Pfefferminze

Das kräftig-würzige Aroma dieses Currys ist in der kalten Jahres-zeit besonders schmackhaft, wohltuend und wärmend. Wer die exotischen Gewürze nicht mag, verwendet stattdessen edelsü-ßes Paprikapulver, Bohnenkraut und Thymian. Die sämige Soße wird beim Kochen teilweise von den Kartoffeln aufgesogen – köstlich!

■ Die Kartoffeln schälen, kurz unter fließendem Wasser abwa-schen und in Würfel schneiden. Die Zwiebel schälen und in feine Ringe schneiden. Die Knoblauchzehe schälen und fein würfeln. Den frischen Ingwer schälen und fein hacken oder reiben. Die Chili waschen, putzen, nach Wunsch entkernen und in feine Rin-ge schneiden.

■ Die Bohnen unter fließendem Wasser waschen und abtropfen lassen. Die Spitzen jeweils auf beiden Seiten knapp abschneiden, Bohnen in mundgerechte Stücke schneiden. Das Olivenöl erhit-zen und Zwiebel, Knoblauch und Ingwer unter Rühren darin an-braten.

■ Die Kartoffelwürfel dazugeben und mit Kurkuma, Kreuzküm-mel, Garam Masala und Salz gut durchmischen. Die Bohnen und das Wasser hinzufügen. Das Curry zugedeckt je nach gewünsch-ter Bissfestigkeit 15 bis 20 Minuten köcheln lassen, dabei öfter umrühren. Mit Salz abschmecken und mit fein geschnittener Pe-tersilie, Basilikum oder Pfefferminze garnieren.

Gelbe Linsensuppe mit Kokosmilch

Rote Linsen sind vor dem Erhitzen noch rot, beim Kochen werden sie jedoch gelb. Die Kurkuma (Gelbwurz) verstärkt diesen Farbeffekt zusätzlich. Die Linsen müssen nicht eingeweicht werden und benötigen nur wenige Minuten Kochzeit. Ihre Konsistenz ist mehlig, sie zerfallen schnell – deshalb sind sie besonders gut für Eintöpfe, Currys und Suppen geeignet.

▨ Die Zwiebel schälen und klein würfeln. Die Knoblauchzehen schälen und fein hacken. Die Chilischote waschen, der Länge nach halbieren und in feine Ringe schneiden. Die Kartoffeln schälen und in kleine Würfel schneiden.

▨ Das Olivenöl in einem Topf erhitzen und Zwiebel, Knoblauch und Chili darin anbraten. Die Linsen in einem Sieb unter fließendem Wasser waschen, abtropfen lassen und mit den Kartoffelwürfeln in den Topf geben. Das Wasser dazugießen und umrühren.

▨ Den Ingwer schälen und fein reiben oder hacken, die Koriandersamen im Mörser zerstoßen. Beides zusammen mit Kreuzkümmel, Kurkuma und Salz zur Suppe geben. Zugedeckt einige Minuten köcheln lassen, bis Kartoffeln und Linsen weich sind (Packungsanleitung beachten). Die Kokosmilch und das fein gehackte Koriandergrün dazugeben. Die Suppe bei sanfter Hitze zugedeckt noch etwas ziehen lassen.

Wirsingeintopf
mit Gerstengraupen

vegan

FÜR 2
PORTIONEN

1 Zwiebel
1 große Karotte
200 g Sellerie
3 EL Olivenöl
1/2 kleiner Wirsing
800 ml Wasser
50 g Gerstengraupen
Salz
1–2 TL gemischte
Kräuter wie Rosma-
rin, Thymian, Orega-
no, Basilikum
2–3 Stängel Peter-
silie

Ein dampfender Teller mit einem herzhaften Eintopf – das ist an kalten Tagen genau das Richtige, um sich aufzuwärmen und neue Kraft zu schöpfen. Dafür sind Graupen als Grundzutat heute wieder sehr gefragt. Sie werden zumeist aus Gerste, teilweise auch aus Weizen hergestellt. Dazu werden die Körner geschält und poliert. Besonders für Suppen und Eintöpfe sind Graupen bestens geeignet.

▨ Die Zwiebel schälen und fein hacken. Die Karotte mit der Gemüsebürste säubern, den Sellerie gründlich schälen und beides in etwa gleich große Würfel schneiden. Das Olivenöl in einem Topf erhitzen. Zuerst die Zwiebeln, dann Karotte und Sellerie bei mittlerer Hitze anbraten, dabei immer wieder umrühren.

▨ Währenddessen den halben Wirsing von den äußeren Blättern befreien, nochmals halbieren und den Strunk herausschneiden. Den Wirsing in mundgerechte Stücke schneiden, in einem Sieb unter fließendem Wasser waschen und abtropfen lassen.

▨ Die Wirsingstücke zum Gemüse in den Topf geben und unter Rühren etwa 2 Minuten mitbraten. Dann das Wasser dazugießen, mit Salz und den Kräutern würzen.

▨ Die Graupen unter fließendem Wasser in einem Sieb waschen und in den Topf geben. Aufkochen lassen und bei geringer Hitze etwa 30 Minuten zugedeckt köcheln. Dabei ab und zu umrühren und bei Bedarf noch etwas Wasser zugießen. Mit der gehackten Petersilie bestreuen.

Winter

Lauwarmer Wirsing
mit Speck und Meerrettich

FÜR 2
PORTIONEN

70 g Bauchspeck
1 Zwiebel
2 Knoblauchzehen
1/2 kleiner Wirsing
Salz
1 TL ganzer Kümmel
100 ml Wasser
frischer Meerrettich

Meerrettich hat in meiner Küche eine Sonderstellung und bereichert viele meiner Gerichte. Genießen Sie den lauwarmen Wirsing mit Meerrettich einfach mit einem Roggen-Butterbrot oder als Beilage zu Geflügel oder Wildgerichten. Ich mag das erkaltete Gemüse auch gerne noch am nächsten Tag – zu einem Sandwich oder mit einem hart gekochten Ei.

▦ Den Bauchspeck klein würfeln. Zwiebel und Knoblauchzehen schälen und fein hacken. Den Wirsing von den äußeren Blättern befreien, halbieren und den Strunk herausschneiden. Den halben Wirsing in mundgerechte Stücke schneiden, in einem Sieb unter fließendem Wasser waschen und abtropfen lassen.

▦ Die Speckwürfel in einem Topf ohne weitere Fettzugabe bei mittlerer Hitze langsam auslassen. Zwiebel- und Knoblauchstücke dazugeben und unter Rühren kurz mitbraten. Den Wirsing hinzufügen, mit Salz und Kümmel würzen.

▦ Das Wasser dazugießen und zugedeckt bei milder Hitze 20 bis 30 Minuten köcheln lassen. Den Meerrettich schälen, fein reiben und über den leicht abgekühlten, lauwarmen Wirsing geben.

TIPP

Ein Trick, wie man den feinen, aber scharfen Meerrettich ohne Tränen genießen kann: Atmen Sie möglichst nicht ein, während Sie den Meerrettich reiben, zum Mund führen, kauen oder schlucken. Probieren Sie es aus, es funktioniert!

Karamellisierter Chicorée mit Brotwürfeln und Ei

FÜR 2
PORTIONEN

4 Chicorée
1 rote Zwiebel
1 Knoblauchzehe
1 Apfel
2 Eier
1 EL Butter
1–2 EL Zucker
Saft von 1 Zitrone
10 Koriandersamen
Safranfäden
Salz
2 Scheiben Sauer-
teig- oder Vollkorn-
brot
1 EL Olivenöl

Chicorée wird ab Oktober geerntet, hierzulande wird er meist roh als Salat verzehrt. Es lohnt sich jedoch, ihn auch einmal als Gemüse zu braten oder zu dünsten! In diesem Rezept harmoniert sein leicht bitterer Geschmack zusammen mit süßen und sauren Aromen.

▊ Chicorée putzen, waschen, trocken tupfen und der Länge nach halbieren. Die Zwiebel schälen und in sehr feine Ringe schneiden, Knoblauch schälen und fein hacken.

▊ Den Apfel waschen, Stiel entfernen und mit der Schale von allen Seiten bis zum Kerngehäuse in sehr feine Scheiben schneiden. Wasser zum Kochen bringen, die Eier 5 bis 6 Minuten darin kochen und mit kaltem Wasser abschrecken.

▊ Butter in einer Pfanne schmelzen und den Zucker bei mittlerer Temperatur darin karamellisieren lassen. Die Chicoréehälften mit der Schnittseite nach unten darin anbraten, nach 2 bis 3 Minuten wenden und mit Zitronensaft aufgießen.

▊ Die angequetschten Koriandersamen, Safranfäden, Zwiebelringe und Apfelscheiben dazugeben, salzen und zugedeckt einige Minuten dünsten. Das Brot in mundgerechte Stücke schneiden.

▊ Das Chicorée-Gemüse in eine Schüssel geben und gleich die Brotstücke im Saft der Pfanne mit dem Olivenöl rösten, bis sie gleichmäßig braun sind. Die hart gekochten Eier schälen. Die Brotstücke über das Gemüse geben und mit jeweils einem Ei garnieren.

TIPPS

Der Geschmack von dunklem Roggen-Sauerteigbrot passt sehr gut zu dieser Kombination. Aber auch anderes, schon hart gewordenes Brot lässt sich dafür verwerten. Sie können den Salat genauso ohne Brotwürfel zubereiten und ein frisches Butterbrot dazu essen.

Rosenkohl-Quiche

FÜR 1
SPRINGFORM
(22–28 CM Ø)

Für den Mürbeteig
250 g Mehl
1/2 TL Salz
120 g kalte Butter
1 Ei
2 cl Wasser

Für die Füllung
500 g Rosenkohl
1 Zwiebel
3 Knoblauchzehen
3 EL Olivenöl
3 TL gemahlenes
Korianderpulver
2 TL frisch geriebene
Muskatnuss
1 TL Zimt
1/8 l Wasser

250 g Ziegen- oder
Schafsjoghurt
100 ml Sahne
1 Ei
Salz
Pfeffer aus der Mühle
200 g geriebener
Käse

Die Haupterntezeit von Rosenkohl ist November und Dezember. Mit seinem hohen Gehalt an Vitaminen und Mineralien ist er ein wichtiges Wintergemüse, das auch bestens in Eintöpfe passt. In einer Quiche „verpackt" lässt er sich bestens transportieren und mitnehmen – und ist sowohl warm als auch kalt ein Genuss.

▉ Mehl und Salz auf eine Arbeitsfläche geben und mischen, die Butter in kleinen Stücken auf dem Mehl verteilen. In der Mitte eine Mulde formen, das Ei hineingeben und mit der Gabel verquirlen. Alles zusammen mit dem Wasser verkneten, bis der Teig geschmeidig ist und nicht mehr an den Händen klebt. In Frischhaltefolie gewickelt etwa 30 Minuten kalt stellen.

▉ Die Kohlröschen waschen, den Strunk sauber abschneiden und die gelben Blätter entfernen. Jedes Röschen halbieren. Die Zwiebel schälen und in feine Ringe schneiden, Knoblauch schälen und fein hacken.

▉ Olivenöl in einer Pfanne erhitzen. Zwiebel, Knoblauch und Rosenkohl bei mittlerer Hitze unter Rühren einige Minuten anbraten. Mit Koriander, Muskatnuss und Zimt würzen. Das Wasser dazugießen und das Gemüse zugedeckt 5 Minuten dünsten lassen.

▉ Den Backofen auf 200 °C vorheizen (Ober- und Unterhitze). Etwa zwei Drittel des Teigs abtrennen, 3 bis 4 mm dick ausrollen und in eine gefettete Backform legen. Aus dem verbliebenen Drittel Teig lange Rollen formen und durch Festdrücken einen hohen Rand bilden.

▉ In einer Schüssel den Joghurt mit Sahne, Ei, Salz und Pfeffer vermischen. Den Rosenkohl auf dem Teig verteilen, die Sahnemischung darübergießen und mit dem geriebenen Käse bestreuen. Die Quiche 45 bis 55 Minuten im vorgeheizten Backofen goldbraun backen. Vor dem Portionieren auskühlen lassen.

TIPPS

Soll die Quiche transportiert werden, eignet sich zum Backen auch eine eckige Lasagne-Form oder ein Backblech: Darin kann der Gemüsekuchen in kleinen Quadraten portioniert werden.
Den Rosenkohl können Sie im Winter auch gut durch Blumenkohl, Wirsing oder Weißkraut ersetzen.

Suppen – gestern und heute

„Komm, iss mit mir einen Teller Suppe!"– bei so einer Einladung wird einem gleich ganz wohl ums Herz. Mit einer Suppe verbinden wir Wärme und Zufriedenheit. Die meisten Menschen können spontan eine persönliche Lieblingssuppe benennen, sei es eine Kartoffel-, Kürbis-, Tomaten- oder Hühnersuppe. Die wärmende Wirkung kommt dabei nicht nur über die Temperatur zustande. Sowohl die traditionelle chinesische Medizin (TCM) als auch die traditionelle europäische Heilkunde (TEH) lehren uns, dass Gemüsearten wie Fenchel, Lauch, Rote Bete oder Kürbis wärmende Eigenschaften besitzen. Auch viele Gewürze wirken thermisch, sie können also im Körper Wärme erzeugen. Dazu zählen typische Wintergewürze wie Kardamom, Ingwer, Nelken, Anis, Kümmel, Chili, Wacholder, Rosmarin, Thymian, Majoran oder Zimt.

Das Wort „Suppe" geht in Europa auf ähnliche Begriffe zurück: „supen" oder „supfen" wird heute mit schlürfen, saugen oder saufen übersetzt. Bis heute sind die Bezeichnungen ähnlich: soup (englisch), soupe (französisch), zuppa (italienisch) oder sopa (spanisch). Die ersten Suppen wurden schon in der Steinzeit gekocht: In einem wasserdichten Stück Leder köchelten sie über glühenden Steinen. Im Mittelalter verzehrte man in den frühen Morgenstunden eine breiähnliche, warme Suppe aus Getreideschrot und weiteren pflanzlichen Anteilen. Diese einzige warme Mahlzeit schenkte die nötige Kraft für den Tag. Hafergrütze oder Porridge (siehe Seite 86) sind heute noch verbreitete „Überbleibsel" aus dieser Zeit.
Später entwickelte sich das Essen der einfachen Leute zu einer beliebten Speise in vornehmen Häusern und am Hof – serviert in prachtvollen Terrinen aus Gold und Silber. Diese Entwicklung begann in Spanien und Frankreich, wo die Suppenrezepte verfeinert und schließlich auf prunkvolle Weise kredenzt wurden. Auch noch in unserer Zeit gehört zur Eröffnung eines festlichen Diners oft eine feine Consommé (klare Suppe), die erst im 19. Jahrhundert erfunden wurde. Zu Zeiten der Industrialisierung und in der Nachkriegszeit wurde die Suppe wiederum ein lebenswichtiges Arme-Leute-Essen. In Deutschland entstanden ab 1960 Suppenbars: Das sind kleine Restaurants, die ausschließlich eine Auswahl an Suppen anbieten. Bis heute wird überall auf der Welt von Arm und Reich Suppe gegessen – als Vorspeise, Hauptmahlzeit oder Imbiss zwischendurch.

Die Zubereitung einer guten Suppe ist einfach: Ähnlich wie beim Eintopf werden Zutaten wie Gemüse, Getreide, Fleisch oder Fisch mit Gewürzen zusammen in Wasser, Milch oder Wein gekocht. Diese Zubereitungsform eignet sich aufgrund ihrer Vielfältigkeit auch hervorragend zur Resteverwertung. Das genussvolle Geheimnis liegt immer in der Geduld, die Suppe möglichst lange köcheln zu lassen – bis sich alle Einzelteile miteinander zu einem köstlichen Ganzen verbunden haben.
Ähnlich wie Eintöpfe oder Currys eignen sich Suppen sehr gut als „Essen to go". Dicht verschlossen kann man sie überall hin mitnehmen, am besten in einer Thermoskanne oder einem anderen isolierenden Gefäß. Zusammen mit einem Sandwich oder einem kleinen Dessert kann eine Suppe auf diese Weise auch unterwegs ein wesentlicher Bestandteil eines abwechslungsreichen Mittagessens sein.

Eine wohltuende Suppenmahlzeit genießt man am besten in Gesellschaft. Füllen Sie doch einfach mehrere Portionen in eine größere Thermoskanne und überraschen Sie Ihre Arbeitskollegen!

Exotische Suppe
mit gebackenen Kartoffelspalten

FÜR 2
PORTIONEN

3–4 Kartoffeln
1 TL ganzer
Kümmel oder
Rosmarin
Salz
50 g grüne oder
rote Linsen
1 Zwiebel
1 Knoblauchzehe
100 g Karotten
2 EL Olivenöl
700 ml Wasser
1 reife Banane
2 TL Kurkumapulver
1 TL Currypulver
Salz
Schnittlauchröllchen
oder fein gehackte
Petersilie

Diese gehaltvolle Suppe ist sättigend und wärmt von innen heraus. Die Banane sorgt für einen überraschenden Geschmackskick. Zusammen mit den Kartoffelspalten genieße ich sie besonders gern nach einem ausgiebigen Winterspaziergang.

■ Den Backofen auf 220 °C vorheizen. Die Kartoffeln nach Wunsch schälen oder mit der Gemüsebürste waschen. Der Länge nach halbieren und in schmale Spalten schneiden. In einer Auflaufform gründlich mit dem Olivenöl und dem Kümmel vermischen, nebeneinander legen und im vorgeheizten Ofen etwa 20 bis 30 Minuten backen, bis die Kartoffelspalten schön knusprig sind, dann erst salzen.

■ Währenddessen die Linsen in ein Sieb geben, unter fließendem Wasser waschen und abtropfen lassen. Zwiebel und Knoblauch schälen und fein hacken, Karotte mit der Gemüsebürste waschen und klein schneiden.

■ Das Olivenöl in einem Topf erhitzen und die Zwiebelwürfel kurz darin anschwitzen. Karottenstücke, Linsen und Knoblauch dazugeben und unter Rühren anbraten. Mit Wasser aufgießen und die geschälte, in Scheiben geschnittene Banane, Kurkuma, Curry und Salz hinzufügen.

■ Die Suppe bei sanfter Hitze 20 bis 30 Minuten köcheln (siehe Packungsangabe der Linsen). Abschmecken und nach Wunsch pürieren. Mit Schnittlauchröllchen garnieren.

Tomaten-Kokos-Suppe

FÜR 2
PORTIONEN

1–2 cm Ingwer
3 Knoblauchzehen
1 Chilischote
1/2 Bund Koriander
2–3 Kaffir-Limetten-
blätter oder 1 Stän-
gel Zitronengras
1–2 EL Olivenöl
800 ml geschälte
oder passierte
Tomaten
400 ml Kokosmilch

Eine einfache, aber sehr leckere Variante zur klassischen mediter-
ranen Version: Tomatensuppe mit Kokosmilch. Exotische Gewürze wie Kaffir-Limettenblätter oder Zitronengras machen dieses
schnell zubereitete Gericht zum aromatischen Wohlgenuss.

■ Den Ingwer schälen und fein reiben oder hacken. Den Knoblauch schälen und fein hacken. Die Chilischote waschen, putzen,
nach Wunsch die Kerne entfernen und die Chili in feine Ringe
schneiden.

■ Die Stängel des Korianders und das Koriandergrün getrennt
voneinander fein hacken. Kaffir-Limettenblätter waschen, trocken tupfen und fein hacken, vom Zitronengras die harten äußeren Blätter entfernen und die inneren Blätter sehr fein schneiden.

■ Das Olivenöl in einem Topf erhitzen. Ingwer, Knoblauch, Chili
und Korianderstängel darin unter Rühren anschwitzen. Nach 3
bis 5 Minuten die Tomaten dazugießen, ganze Tomaten mithilfe
eines Kochlöffels und eines Messers im Topf grob zerschneiden.

■ Die Suppe etwa 15 Minuten zugedeckt bei sanfter Hitze köcheln lassen. Die Kokosmilch bis auf einen kleinen Rest unterrühren. In Teller oder Behälter füllen, den Rest Kokosmilch mit einem
Esslöffel kreisförmig durch die Suppe ziehen, sodass eine dekorative Marmorierung entsteht. Mit dem fein gehackten Koriandergrün garnieren.

Wintergemüsesuppe

Für diese winterliche Suppe verarbeite ich rund 1 kg Gemüse. Die Grundlage bildet ein Stück Hokkaidokürbis. Dazu kommen verschiedene Gemüsereste, die der Kühlschrank gerade hergibt. Das Besondere an dieser Gemüsesuppe ist: Das Kürbisfleisch bleibt stückig, der Rest wird fein püriert.

■ Zwiebel, Pastinake und Karotten schälen und klein würfeln. Das Olivenöl in einem Topf erhitzen und Zwiebel, Pastinake und Karotten unter Rühren einige Minuten darin anbraten. Mit Rosenpaprika, Kurkuma, Garam Masala und Salz würzen.

■ Das Wasser dazugießen und das Gemüse zugedeckt bei niedriger Hitze 20 Minuten sanft köcheln lassen.

■ Den Kürbis mit einem scharfen Messer schälen und mit einem Esslöffel die Kerne herausschaben. Das Fruchtfleisch in kleine Würfel schneiden (etwa 1 cm groß).

■ Die Suppe pürieren, die Kürbiswürfel dazugeben und weitere 15 Minuten sanft köcheln lassen. Die Kürbiswürfel sollten weich sein, aber nicht zerfallen.

TIPP

Diese Suppe hat einen leicht süßlichen Geschmack, deswegen passt ein Klacks Sauerrahm sehr gut dazu.

Vegan, vegetarisch und flexitarisch

"Zwischen" Veganern und Fleischessern gibt es heute recht viele Flexitarier wie mich, die sich vor allem an pflanzlicher Kost erfreuen und nur gelegentlich Fleisch essen.

Mein Herz lacht beim Anblick eines herzhaften Rindergulaschs oder eines rosafarbenen, saftigen Lammsteaks. Diese Lust überkommt mich jedoch nur etwa ein Mal im Monat. Dabei achte ich darauf, dass das Fleisch von Tieren stammt, die in kleinen Betrieben ein artgerechtes Leben führen durften und möglichst direkt vor Ort geschlachtet wurden. Dann aber genieße ich diese besondere Delikatesse mit allen Sinnen. Ansonsten ernähre ich mich vegetarisch oder vegan – solche gelegentlichen Fleischesser wie mich bezeichnet man heute allgemein als „Flexitarier". Obwohl der Anteil der regulären „Fleischesser" in Europa überwiegt, wächst gleichzeitig die Anzahl von Veganern und Vegetariern rasant. Laut einer aktuellen Studie der Universitäten Göttingen und Hohenheim sind etwa 75 % der deutschen Bevölkerung Fleischesser. Der Anteil der Vegetarier hat sich in den letzten sieben Jahren mit aktuellen 3,7 % verdoppelt. Dazwischen gibt es laut Studie jedoch eine beachtliche Anzahl von Flexitariern (11,6 %) und von Menschen, die generell dazu bereit sind, ihren Fleischkonsum zu verringern (etwa 60 %). Nach Angaben des Vegetarierbunds Deutschland (VEBU) ernähren sich hierzulande etwa 800 000 Menschen vegan.

Die vegane Ernährung, die ganz auf tierische Produkte verzichtet, liegt heute voll im Trend. Die Anhänger der veganen Philosophie entscheiden sich dafür aus mehreren Gründen: Zum einen spielen ethische Aspekte eine Rolle, die mit Missständen in der Tierhaltung, Fütterung und Schlachtung zu tun haben. Zum anderen überzeugen die ökologischen und besonders die gesundheitlichen Vorteile.
In den letzten Jahren waren Vegetarier und Veganer oft der Kritik ausgesetzt, der Mensch könne sich ohne tierisches Eiweiß nicht vollwertig ernähren. Dabei bieten unter anderem auch Hülsenfrüchte, Sojaprodukte und Nüsse reichlich Eiweiß. Wer sich rein pflanzlich ernährt, hat prinzipiell keine Mangelerscheinungen zu befürchten! Entscheidend ist jedoch das Wissen um eine ausgewogene fleischlose Ernährung, damit alle Nährstoffe und Vitamine zugeführt werden können. Beispielsweise steckt das Mineral Eisen außer im Fleisch auch in Petersilie, Linsen oder Sesamsamen. Gut zu wissen ist dabei, dass Eisen in Kombination mit Vitamin C weitaus besser vom Körper aufgenommen werden kann. Veganer und Vegetarier müssen zudem auf eine ausreichende Versorgung mit Kalzium, Zink, Jod sowie den Vitaminen D und B12 achten.
Ich empfehle jedem neugierigen „Einsteiger", sich mit einschlägiger Literatur für den Umstieg fit zu machen – dann steht dem Genuss einer vegetarischen, veganen oder flexitarischen Ernährung nichts mehr im Weg.

Für sämtliche Formen der Ernährung gilt nach wie vor der berühmte Ausspruch von Ludwig Feuerbach: „Der Mensch ist, was er isst." Diese Weisheit umfasst meiner Ansicht nach gleich zwei Seiten: Die Ernährung prägt den Menschen – und entsprechend wählt jeder Mensch seine individuell passende Ernährungsform. Veganer beziehen ihre Kraft aus pflanzlicher Energie, Vegetarier erfreuen sich zusätzlicher an Milchprodukten und „Allesesser" genießen eine mehr oder weniger bunte Mischung. Jeder Ernährungsstil hat seine Berechtigung, denn ich bin davon überzeugt: Wer etwas mit wahrem Genuss isst, dem tut die jeweilige Kost letzten Endes auch gut.

Winter-Curry
mit Schwarzem Rettich

2 Schwarze Rettiche
1 Kartoffel
500 g Hokkaido-
kürbis
1 Zwiebel
2–3 Knoblauchzehen
1/2 Rote Bete
1 Tomate
2 EL Olivenöl
1 TL Koriandersamen
1/2 TL Nelkenpulver
1/2 TL Zimtpulver
Salz

Der Schwarze Rettich ist nicht nur eine traditionelle Heilpflanze, sondern auch ein wertvolles Nahrungsmittel für den Winter. Sein pikantes Aroma passt gut zu Lammfleisch. Aber auch „nur" mit Reis zusammen ergibt dieses Curry eine vollständige Mahlzeit!

▪ Rettiche, Kartoffel und Kürbis schälen, putzen und in mundgerechte Würfel schneiden. Zwiebel und Knoblauchzehen schälen und fein hacken. Die Rote Bete schälen und in feine Würfel schneiden, dabei eventuell Einmal-Handschuhe tragen, um ein Abfärben zu vermeiden. Die Tomate waschen, vom Strunk und grünen Teilen befreien und klein würfeln.

▪ Das Olivenöl in einem Topf erhitzen, Zwiebel und Knoblauch darin anbraten. Kartoffel und Rettich unterrühren. Den Koriander im Mörser zerstoßen, mit Nelken und Zimt in den Topf geben. Das Gemüse bei mittlerer Hitze unter ständigem Rühren etwas anbraten. So viel Wasser dazugießen, dass das Gemüse fast bedeckt ist und salzen.

▪ Das Curry zugedeckt etwa 40 Minuten köcheln lassen. Nach etwa 25 Minuten Kochzeit Tomate, Rote Bete und Kürbis hinzufügen und mitkochen lassen, bis das Gemüse noch bissfest, aber weich ist. Währenddessen bei Bedarf etwas Wasser nachgießen, sodass eine sämige Soße entsteht. Zuletzt abschmecken.

TIPP

Im Frühling lässt sich der Schwarze Rettich gut durch die Mairübe (Navette) ersetzen: Ihre Schärfe ist sehr ähnlich.

Linsen-Reis-Puffer
mit Wintersalat

FÜR 8 PUFFER

Für die Puffer
6–8 EL gekochter
Reis
50 g rote oder
gelbe Linsen
1 Ei
Thymian, Oregano
Salz
Pfeffer aus der Mühle
3 EL Sonnen-
blumenöl

Für den Salat
2 Handvoll grüner
fester Salat
1/2 Rote Bete
1 kleine Orange
ca. 1 EL geriebener
Meerrettich
2–3 EL Olivenöl
Salz

■ Reis und Linsen getrennt voneinander waschen und jeweils nach Packungsanleitung weich kochen. Beides zusammen mit dem Ei, Thymian, Oregano, Salz und Pfeffer vermischen.

■ Das Sonnenblumenöl in einer Pfanne erhitzen, den Teig portionsweise in die Pfanne geben und mit einer Gabel flach drücken. Die Puffer knusprig anbraten, dann wenden.

■ Den Salat in mundgerechte Stücke teilen, waschen und trocken schleudern. Die Rote Bete schälen und grob raspeln, dabei eventuell Einmal-Handschuhe tragen, um ein Abfärben zu vermeiden.

■ Die Orangenschale so vom Fruchtfleisch schneiden, dass die weiße Schalenhaut möglichst vollständig entfernt wird. Das Fruchtfleisch auf einem Teller klein würfeln, den Saft darin auffangen.

■ Die Salatblätter in einen Teller oder Behälter geben, die Rote Bete, den Meerrettich und die Orangenstücke darübergeben. Den Saft der Orange mit Olivenöl und Salz verrühren und als Dressing über den Salat träufeln.

TIPPS

Kochen Sie auch oft zu viel Reis für ein Essen? Aus den Resten bereite ich gerne diese Puffer für eine zweite Mahlzeit zu. Ein saftiger Salat mit knackigem Biss ist die richtige Kombination zu den außen krossen und innen weichen Puffern. Auch zum Mitnehmen ist dieses schnelle Essen gut geeignet.

Grüne Bohnen
in Tomatensoße mit Bulgur

**FÜR 2
PORTIONEN**

1 Zwiebel
3 Knoblauchzehen
1 Chilischote
1–2 EL Olivenöl
400 ml passierte
Tomaten
100 ml Wasser
1 EL Zucker (Roh-
rohrzucker für
Veganer)
Salz
1/2 TL Zimt
250 g grüne Bohnen
100 g Bulgur
2 EL Majoran, Lieb-
stöckel und Pfeffer-
minze
Salz

Dies ist ein typisch türkisches Rezept mit einem feinen, charakte-
ristischen Aroma. Es sättigt, liegt aber nicht zu schwer im Magen
– genau das Richtige für einen Snack zum Mitnehmen.

■ Die Zwiebel schälen und in Würfel schneiden. Die Knoblauchzehen schälen und fein hacken. Die Chilischote waschen, putzen,
nach Wunsch die Kerne entfernen und die Chili in feine Ringe
schneiden.

■ Das Olivenöl in einem Topf erhitzen. Zwiebel, Knoblauch und
Chili unter gelegentlichem Rühren anbraten. Die passierten Tomaten und das Wasser dazugießen.

■ Mit Zucker, Salz und Zimt würzen und die Tomatensoße zugedeckt etwa 20 Minuten bei sanfter Hitze köcheln lassen. Die
Bohnen waschen, putzen und die beiden Spitzen jeweils knapp
abschneiden, etwa 20 Minuten in der Soße weich kochen.

■ Den Bulgur mit 100 ml kochendem Wasser übergießen. Majoran, Liebstöckel und Minze unterheben, frische Kräuter zuvor
klein hacken. Umrühren und zugedeckt 5 bis 10 Minuten ziehen
lassen, mit Salz abschmecken.

TIPP

Eine feine Ergänzung
für dieses Rezept ist
Mozzarella, den man
zuletzt in kleinen
Stücken untermischt
und etwas schmel-
zen lässt.

Buchweizen-Eintopf mit Kasslerfleisch

FÜR 2
PORTIONEN

1 Zwiebel
1 Knoblauchzehe
2 Karotten
1 kleine Steckrübe
1 Petersilienwurzel
300 g rohes geräuchtes Kasslerfleisch ohne Knochen oder Speck
100 g Buchweizen
1–2 EL Olivenöl
800 ml Wasser
1–2 EL Liebstöckel
Salz
Pfeffer aus der Mühle

Buchweizen ist ein „Pseudogetreide" und steckt voller gesunder Nährstoffe – darunter sind hochwertiges Eiweiß, B-Vitamine, Eisen, Kalium, Kalzium, Magnesium und Kieselsäure. Er ist zudem glutenfrei, sodass Buchweizenmehl eine wichtige Alternative zu anderen Getreidearten bietet.

▦ Die Zwiebel schälen und in Würfel schneiden. Den Knoblauch schälen und fein hacken. Die Karotten mit der Gemüsebürste waschen, putzen und in Scheiben schneiden. Die Steckrübe schälen und in kleine Stücke schneiden. Kassler oder Speck klein würfeln.

▦ Den Buchweizen in einem Sieb mit fließendem, heißem Wasser waschen. In einem Topf Olivenöl erhitzen und darin Zwiebel, Knoblauch, Karotten und Steckrübe etwa 3 Minuten unter ständigem Rühren anbraten.

▦ Kasslerfleisch oder Speck und Buchweizen dazugeben und einige Minuten mitbraten, dabei öfter umrühren. Das Wasser dazugießen, mit Liebstöckel, Salz und Pfeffer würzen. Den Eintopf zugedeckt bei niedriger Temperatur 30 Minuten köcheln lassen.

TIPP

Das intensive Aroma von Liebstöckel verfeinert Suppen und Eintöpfe. Zusammen mit frischem Gemüse kann man damit auf fertiges Gemüsebrühpulver bestens verzichten.

Gefüllte Dillpfannkuchen

FÜR 4 PFANNKUCHEN

150 ml Milch
1 Ei
100 g Mehl
Salz
5–6 Stängel Dill
5 kleine festkochen-
de Kartoffeln
1 Aubergine
1 Zwiebel
Olivenöl
1/2 TL Kurkumapul-
ver
1/2 TL frisch geriebe-
ne Muskatnuss
Salz
Pfeffer aus der Mühle
1–2 Handvoll Salat-
oder Spinatblätter
8 EL Naturjoghurt
50 g Schafskäse

▨ Für den Pfannkuchenteig Milch mit Ei, Mehl, Salz und dem klein gehackten Dill gut verrühren und ruhen lassen.

▨ Die Kartoffeln mit Schale in kochendem Wasser 15 bis 20 Minuten weich kochen. Die Aubergine waschen, den Stängelansatz abschneiden und die Aubergine in Würfel schneiden. Die Zwiebel schälen und in Ringe schneiden.

▨ Jeweils etwa 2 EL Olivenöl in einer Pfanne erhitzen und aus dem Teig portionsweise 4 dünne Pfannkuchen ausbacken. Auf einen Teller legen und nach Wunsch im Backofen warm stellen.

▨ 4 EL Olivenöl in einer Pfanne erhitzen und die Zwiebelringe mit den Auberginenwürfeln unter Rühren darin anbraten, 4 cl Wasser dazugießen. Die Kartoffeln schälen, in mundgerechte Stücke schneiden, zu den Auberginen in die Pfanne geben und kurz mitbraten. Mit Kurkuma, Muskatnuss, Salz und Pfeffer würzen.

▨ Die Salatblätter waschen und trocken schleudern. Auf den Pfannkuchen jeweils 2 EL Joghurt verteilen und mit Salatblättern belegen. Jeweils 3 bis 4 EL der Gemüsemischung dazugeben. Den Schafskäse gleichmäßig darüber bröseln und die Pfannkuchen zu einem festen Wrap einrollen. Nach Wunsch mit einem scharfen Messer in kleine Häppchen schneiden.

TIPP

Zum Mitnehmen die Pfannkuchen schon beim Befüllen mittig auf ein Stück Alufolie legen. Die Pfannkuchen einrollen, Folie herumlegen und gut festdrücken.

Brasilianische Feijoada

FÜR 2
PORTIONEN

200 g schwarze, rote
oder braune Bohnen
2–3 Knoblauchzehen
1 Zwiebel
1 Chilischote
100 g Kasseler ohne
Knochen
1 EL Olivenöl
500 ml Wasser
3 Lorbeerblätter
Salz

Die Feijoada ist ein brasilianisches Nationalgericht. Auch in Portugal kennt jeder diesen Bohneneintopf, der hier auch mit roten oder braunen Bohnen gekocht wird. In Brasilien dagegen sind es ausschließlich die schwarzen Bohnen, die als alltägliche Beilage oft nur mit Zwiebeln und Knoblauch serviert werden. An Festtagen wird die Feijoada dagegen mit Fleisch oder Shrimps zubereitet.

■ Die Bohnen einen Tag oder eine Nacht lang einweichen. Dann durch ein Sieb abgießen und mit fließendem Wasser abspülen.

■ Die Knoblauchzehen schälen und fein hacken, die Zwiebel schälen und klein würfeln. Die Chilischote waschen, putzen, nach Wunsch die Kerne entfernen und die Chili in feine Ringe schneiden.

■ Kasseler in kleine Stifte oder Würfel schneiden. Das Olivenöl in einem Topf erhitzen und Knoblauch, Zwiebel, Chili und Kasseler bei mittlerer Hitze etwa 5 Minuten unter Rühren anbraten. Die Bohnen und das Wasser dazugeben, mit Lorbeerblättern und Salz würzen.

■ Die Feijoada bei geringer Hitzezufuhr halb zugedeckt mindestens 1 Stunde köcheln lassen, währenddessen je nach Bedarf etwa 100 ml Wasser dazugießen.

TIPP

In Brasilien serviert man Reis zur Feijoada, aber auch ein Stück Weißbrot passt gut dazu. Ich genieße den Bohneneintopf am liebsten mit Kasseler und frischem Meerrettich.

Auf Vorrat kochen: Rindfleisch

Eine gute Rindfleischsuppe zu kochen ist gar nicht schwer, sie muss lediglich eine ganze Weile kochen. Dieser Zeitaufwand lohnt sich besonders, wenn wie hier gleich eine größere Portion Rindfleisch zubereitet wird: Was nicht sofort für die Suppe gebraucht wird, lässt sich später für andere Rezepte weiterverwenden (siehe Rindfleischsalate auf Seite 155). Das gar gekochte Fleisch kann man auch gut einfrieren.

Rindfleischsuppe

FÜR 1 LITER

450 g gemischtes Suppengemüse wie Karotten, Sellerie, Petersilienwurzeln und Lauch
1 Zwiebel
2–3 Scheiben vom Ochsenschwanz (Metzger)
1,5 l Wasser
1 Bund Liebstöckel
4 Lorbeerblätter
4 Wacholderbeeren
Salz
Pfeffer aus der Mühle
1/2 TL Piment
frisch geriebene Muskatnuss
750 g Rindfleisch (Schulterdeckel oder Brustkern)
1 Bund Schnittlauch

▮ Karotten, Sellerie und Petersilienwurzeln vom Grün befreien und schälen. Den Lauch halbieren, in grobe Stücke schneiden und waschen. Die Zwiebel mitsamt der Schale halbieren.

▮ Einen großen Topf erhitzen, und die Zwiebelhälften mit den Schnittflächen nach unten hineinlegen. Ohne Fett einige Minuten bei starker Hitze rösten, bis die Schnittstellen dunkel geworden sind.

▮ Die Ochsenschwanzstücke dazugeben, kurz mitbraten und mit dem kalten Wasser aufgießen. Das geschälte Suppengemüse, den Liebstöckel, Lorbeerblätter, Wacholderbeeren, Salz, Pfeffer, Piment und Muskatnuss hinzufügen.

▮ Kurz bevor die Suppe aufkocht, das Rindfleisch dazugeben. Falls nötig, zusätzlich Wasser dazugießen, sodass das Fleisch vollständig bedeckt ist. Zugedeckt etwa 1,5 Stunden bei niedriger Temperatur sanft köcheln lassen, bis das Fleisch gar ist.

▮ Das Rindfleisch aus dem Topf nehmen, die gewünschte Menge für die Suppe bereitlegen. Den Rest nach Wunsch weiterverwenden oder kühl stellen bzw. einfrieren. Das Suppenfleisch in mundgerechte Stücke schneiden. Von den Ochsenschwanzstücken das Fleisch ablösen und ebenfalls in kleine Stücke schneiden.

▮ Lorbeerblätter, Wacholderbeeren und Liebstöckel aus der Suppe nehmen und entsorgen. Das weich gekochte Gemüse, oder je nach Wunsch nur eine Auswahl davon, in Stücke schneiden. Mit den Fleischstücken zusammen nochmals kurz in der Suppe erwärmen. Mit Schnittlauchröllchen garnieren.

TIPPS

Die mitgekochten Zwiebelschalen verleihen der Suppe eine schöne Farbe. Je mehr Karotten man verwendet, desto süßer und runder wird der Geschmack.

Saurer Rindfleischsalat mit Kürbiskernöl

FÜR 2
PORTIONEN

250 g gekochtes
Rindfleisch (ent-
spricht 1/3 des
Fleischs vom Rezept
links)
1 kleine Zwiebel

◾ Das gekochte Rindfleisch im rechten Winkel zur Fleischfaser mit einem scharfen Messer in dünne, mundgerechte Scheiben schneiden. Die Zwiebel schälen, fein würfeln oder nach Wunsch in schmale Ringe schneiden.

◾ Die Salatgurke waschen und mit Schale in kleine Würfel schneiden. Für das Dressing Öl, Essig, Salz und Pfeffer vermengen, Dill und Liebstöckel unterrühren. Alle Zutaten vermischen und mit etwas Dill garnieren.

3 cm Salatgurke
4 EL Kürbiskernöl
3 EL Essig
Salz
Pfeffer aus der Mühle
2 EL frisch gehackter
Dill
2 Blätter frisch ge-
hackter Liebstöckel

Pikanter Rindfleischsalat mit Mayonnaise

FÜR 2
PORTIONEN

250 g gekochtes
Rindfleisch (ent-
spricht 1/3 des
Fleischs vom Rezept
links)
9 Essiggurken
1 kleine Zwiebel

◾ Das gekochte Rindfleisch in mundgerechte Würfel schneiden. Die Essiggurken in Scheiben schneiden, die Zwiebel fein hacken und beides in einer Schüssel mit dem Rindfleisch vermengen. Ketchup mit Mayonnaise, Salz und Pfeffer verrühren und unter den Salat mischen. Abschmecken und mit Schnittlauch garnieren.

4 EL Ketchup
4 EL ARTISAN-Ma-
yonnaise (Rezept auf
Seite 39)
Salz
Pfeffer aus der Mühle
2 EL Schnittlauchröll-
chen

Essplätze behaglich gestalten

Wir Menschen haben im Lauf der Geschichte eine Esskultur entwickelt, die für unser allgemeines Wohlbefinden im Alltag sehr bedeutsam ist. Neben einem guten Essen gehören dazu vor allem eine angenehme Umgebung und Menschen, die wir mögen. Was genau wir wo essen, ist häufig Ausdruck unserer aktuellen Gefühle und Befindlichkeiten. Entsprechend können wir unsere Stimmung positiv beeinflussen, indem wir den unmittelbaren Umkreis unseres Essplatzes möglichst behaglich gestalten. Das gilt für zu Hause ebenso wie für Arbeitsstelle, Büro, Kantine oder Plätze unter freiem Himmel. Besonders im Winter, wenn die Tage kälter, kürzer und dunkler werden, spüren wir das Bedürfnis, es uns gemütlich zu machen. Zu dieser Jahreszeit möchte man sich gerne noch etwas mehr verwöhnen als sonst. Wir sind jetzt immer auf der Suche nach wohliger Wärme, sowohl auf körperlicher als auch auf seelischer Ebene. Solche Gefühlslagen beeinflussen nicht nur die Entscheidung für ein bestimmtes Essen, sondern auch die Auswahl und Gestaltung des Essplatzes.

Zentrale Aspekte, die den „Winterblues" vertreiben können, sind Wärme und Licht. Für ein auf seelischer Ebene warmes Wohlgefühl sorgen Speisen, die mit anderen Menschen gemeinsam eingenommen werden. Mahlzeiten sind für uns Menschen wichtige soziale Rituale. Verabreden Sie sich beispielsweise mit einem oder mehreren Arbeitskollegen zu einer bestimmten Zeit zum gemeinsamen Essen. Solche geselligen Mahlzeiten und Gespräche bewirken, dass man sich für kurze Zeit aus dem Büroalltag zurückziehen und entspannen kann. Besondere Freude kommt auf, wenn man gelegentlich auch mal für Kollegen mitkocht, was beispielsweise bei einer Suppe den Aufwand kaum erhöht. Gut verpackt und sicher transportiert wird das mit Sicherheit ein wohltuender Genuss für alle Beteiligten! Vielleicht gibt es ja auch „Nachahmer", sodass Sie sich bei Gelegenheit gegenseitig versorgen – was zu einem überaus positiven Grundgefühl bei der Arbeit führt.

Neben der Mittagspause zelebriere ich am Nachmittag regelmäßig eine kurze Teepause. Das hebt nicht nur die Stimmung, sondern gibt auch neue Energie für die letzte Arbeitsphase am Tag. Im Winter bereite ich mir entweder einen englischen Schwarztee mit Honig und Milch, einen Chai mit indischen Gewürzen oder einen Kräutertee. Gibt es dazu noch Kekse, Muffins oder Marmeladepolster (Rezept auf Seite 161), ist die Freude auf und über diese kurze Pause besonders groß. Auch bei diesen kleinen Zwischenmahlzeiten achte ich immer darauf, dass ich ein Stück Stoff als „Deko" parat habe: Ob es eine kleine Tischdecke oder auch nur eine hübsche Papierserviette ist – Stoffe bewirken immer ein angenehm wohliges Gefühl.

Um uns zudem mit einem schönen und stimmungsaufhellenden Licht zu versorgen, sind Mahlzeiten am Fenster empfehlenswert. Mit dieser natürlichen Lichtquelle und dem Blick nach draußen schätzt man die Gemütlichkeit drinnen und das zugehörige Essen gleich weitaus mehr. Zusätzlich lohnt es sich, eine helle Tischleuchte anzubringen – damit der Platz auch von innen heraus gut ausgeleuchtet ist. Eine Kerze dazu ist schnell aufgestellt und angezündet: Das „Feuer" bewirkt ein Gefühl von Geborgenheit, das bewegte Flackern der Flamme bringt eine natürliche und ruhige Lebendigkeit in die Atmosphäre vor Ort.

Auch für ein schnelles „Essen to go" sollte man sich den Essplatz so gemütlich wie möglich einrichten – das entspannt und gibt neue Kraft für den Rest des Tages.

Rinder-Hackbraten

FÜR 1
KASTENFORM
(CA. 20 CM
LANG)

1 Zwiebel
2 Knoblauchzehen
1–2 EL Olivenöl
2–3 große Champignons
1 Bund Petersilie
500 g Hackfleisch vom Rind
1 Ei
1 EL Liebstöckel
1/2 TL frisch geriebene Muskatnuss
Salz
Pfeffer aus der Mühle
3 EL Sojasoße

Mit einem Hackbraten, auch „falscher Hase" genannt, lässt sich wunderbar auf Vorrat kochen: Frisch aus dem Ofen genießt man ihn mit Kartoffelpüree oder Salat. Am nächsten Tag dient er als leckerer Belag für Sandwiches.

◼ Den Backofen auf 200 °C vorheizen. Die Zwiebel schälen und in kleine Würfel schneiden, den Knoblauch schälen und fein hacken. Das Olivenöl in einer Pfanne erhitzen, Zwiebel und Knoblauch etwa 5 Minuten unter Rühren anschwitzen, bis die Zwiebel glasig ist. Die Pfanne von der heißen Herdplatte nehmen.

◼ Die Champignons mit einem Küchenmesser putzen, Stiele etwas einkürzen. Die Petersilie von den Stängeln zupfen und fein hacken.

◼ Das Hackfleisch in einer Schüssel mit dem Ei, den angebratenen Zwiebeln und Knoblauch, Petersilie, Liebstöckel, Muskatnuss, Salz und Pfeffer gründlich vermischen. Die Hälfte der Hackfleischmasse in eine kleine Kastenform geben, glatt streichen.

◼ Die Champignons im Ganzen mit dem Stängel nach oben in die Masse hineinsetzen. Die Sojasoße darübergießen und die Form mit dem Rest des Hackfleischs auffüllen. Mit flachen Händen gut festdrücken.

◼ Im vorgeheizten Ofen etwa 50 Minuten backen, währenddessen nach 10 Minuten Backzeit die Temperatur auf 160 °C reduzieren. Den Hackbraten mit einem scharfen Messer in Scheiben schneiden.

TIPP

Anstelle der Champignons können Sie auch Apfelstücke (ohne Schale) im Hackbraten versenken: Die leicht süßliche Note ist überraschend lecker!

Variante zum Mitnehmen

Ein Brot mit einer Joghurt-Senf-Soße bestreichen, mit Rucola, Gurkenscheiben und einer Scheibe Hackbraten belegen. Mit einer zweiten Brotscheibe abdecken, vorsichtig festdrücken und mit einem scharfen Messer in der Mitte durchschneiden.

Maroni-Suppe mit Apfel und Wintergewürzen

FÜR 2
PORTIONEN

200 g Esskastanien
(frisch oder vorge-
gart)
150 g Wurzelgemüse
(Sellerie, Karotte,
Petersilienwurzel)
1 kleine Zwiebel
1 Apfel
2 EL Olivenöl
800 ml Wasser
1 Lorbeerblatt
1/2 TL Zimt
Salz
Pfeffer aus der Mühle
frisch geriebene
Muskatnuss
2 EL Sahne

Mit Esskastanien lässt sich der Winter mit allen Sinnen genie-ßen. Schon der feine Duft, der beim Backen die ganze Wohnung erobert, zieht uns in seinen Bann. Dann folgt das Knacken der Schalen mit den Fingern und schließlich der knusprige oder auch mehlige Biss. Die Krönung folgt durch den herrlichen Geschmack – der auch in einer Suppe auf ganz wunderbare Weise zur Gel-tung kommt.

■ Den Backofen auf 200 °C vorheizen. Frische Kastanien einrit-zen und im heißen Backofen etwa 30 Minuten garen. Etwas ab-kühlen lassen und die Kastanien sowohl von der dicken Schale als auch von der braunen Haut darunter befreien.

■ Sellerie, Karotte und Petersilienwurzel putzen, schälen und in kleine Stücke schneiden. Die Zwiebel schälen und klein würfeln. Den Apfel schälen, vierteln, vom Kerngehäuse befreien und in kleine Würfel schneiden.

■ Das Olivenöl in einem Topf erhitzen. Die Zwiebelstücke etwa 10 Minuten unter Rühren bei sanfter Hitze darin anschwitzen, bis sie einen süßlichen Geschmack annehmen. Das Wurzelgemüse und die Kastanien dazugeben und einige Minuten mitbraten, da-bei öfter umrühren. Die Apfelstücke daruntermischen.

■ Das Wasser dazugießen und die Suppe mit Lorbeerblatt, Zimt, Salz, Pfeffer und Muskatnuss würzen. Zugedeckt 50 bis 60 Minu-ten bei niedriger Temperatur köcheln lassen. Dann das Lorbeer-blatt entfernen, Sahne dazugießen und die Suppe pürieren.

TIPP

Zu dieser Suppe passen karamellisier-te Apfelchips. Dafür einen Apfel schälen, mit einem Apfel-ausstecher entker-nen und in dünne Scheiben schneiden. In einer Pfanne mit etwas Butter, Zucker und wenig Salz unter Rühren knusprig anbraten.

Marmeladepolster

FÜR CA. 20
POLSTER

1 Rolle Blätterteig
aus dem Kühlregal
(ca. 275 g)
10 EL Marmelade
(z. B. Johannisbeere
oder Pflaume)
1 Ei
Puderzucker

Naschen Sie unterwegs auch gerne mal etwas Süßes? Zum Mitnehmen sind diese mit Marmelade gefüllten „Polster" aus Blätterteig hervorragend geeignet. Sie sind schnell und mit wenig Aufwand zubereitet. Auch wenn sich kurzfristig Besuch ankündigt, biete ich die süßen Teilchen gerne zu Kaffee oder Tee an.

◼ Den Backofen auf 180 °C vorheizen. Den Blätterteig ausrollen und in ca. 20 gleich große Quadrate schneiden. Jeweils 1/2 EL Marmelade auf eine Hälfte der Quadrate streichen, dabei einen kleinen Rand belassen. Die andere Teighälfte darüberklappen, und die Ränder mit den Fingern zusammendrücken.

◼ Ein Backblech mit Backpapier auslegen. Die Marmeladepolster vorsichtig auf das Backblech heben und die Oberseiten mit dem verquirlten Ei bestreichen. Im Backofen etwa 15 bis 20 Minuten goldgelb backen. Nach dem Abkühlen mit Puderzucker bestäuben

Rosmarinknödel mit Champignonragout

Zu diesem herzhaften Pilzragout koche ich am liebsten Knödel aus Hirse, Haferflocken und Speck. Neben dem geschmacklichen Hochgenuss genieße ich das Zusammenspiel aus weichem Knödel und sämiger Soße.

▐ Die Hirse in einem Sieb unter fließendem Wasser waschen. In 250 ml Wasser etwa 20 Minuten bei mittlerer Hitze köcheln, bis die Körner aufspringen. Den Topf von der heißen Herdplatte ziehen, die Haferflocken dazugeben und 10 Minuten quellen lassen. Bei Bedarf etwas Wasser dazugießen, sodass eine teigige Masse entsteht.

▐ Die Zwiebel schälen und in Ringe schneiden. Die Champignons mit einem kleinen Küchenmesser putzen, Stiele bei Bedarf einkürzen und die Pilze in Scheiben schneiden. Die Tomate waschen, vom Strunk befreien und klein würfeln.

▐ Das Olivenöl in einem Topf erhitzen und die Champignons etwa 5 Minuten unter Rühren darin anbraten. Die Tomatenwürfel dazugeben, mit Salz und Pfeffer abschmecken. Mit 50 ml Wasser aufgießen, rühren und das Ragout etwa 20 Minuten bei sanfter Hitze zugedeckt köcheln lassen, bis eine sämige Soße entsteht. Dabei immer wieder umrühren und bei Bedarf etwas Wasser nachgießen.

▐ Eine Pfanne erhitzen und die Speckscheiben ohne weitere Fettzugabe darin anbraten, bis das Speckfett schmilzt. Etwas abkühlen lassen und in kleine Stücke schneiden.

▐ Das Ei, Mehl und Rosmarin mit der Hirse-Haferflocken-Mischung gut verrühren, die Speckstücke unterheben. Mit Salz und Pfeffer abschmecken und etwa 10 Minuten ruhen lassen. Kleine Knödel formen und in heißem, aber nicht kochendem Salzwasser einige Minuten ziehen lassen, bis sie an die Wasseroberfläche steigen.

▐ Das Ragout auf einen Teller oder in eine gut verschließbare Lunchbox geben. Die Knödel daraufsetzen und mit dem geriebenen Käse bestreuen.

FÜR 2
PORTIONEN

25 g Hirse
25 g Haferflocken
1 kleine Zwiebel
250 g Champignons
1 Tomate
2 EL Olivenöl
Salz
Pfeffer aus der Mühle
4–6 Scheiben
Bauchspeck
1 Ei
1–2 EL Mehl
1 EL Rosmarin
50 g Gouda oder
Emmentaler

... unterwegs gut essen mit allen Sinnen!

Rezepte

Adressen

Martina Schurich MA
ARTISAN – for good living
Agentur für Werbung und Gastrosophie
Morzger Strasse 79b
5020 Salzburg
mschurich@aon.at

Bildnachweis

Martina Schurich
U4 klein links, klein rechts, S. 4 beide, 5 beide, 6 beide, 7, 20 beide klein, 22 beide, 23, 24, 25, 26, 27, 28, 31, 33, 34, 35, 39, 42, 47, 49, 50, 51, 52, 53, 54 beide klein, 57, 58, 60 beide, 61, 63, 64, 66, 68, 69, 70, 71, 72, 73, 76, 77, 78, 79, 81, 82 beide, 83, 85, 86, 89, 91, 92, 94, 96 beide klein, 98, 99, 100, 101, 103, 104, 105, 109, 111 alle, 112, 113, 114 beide, 115, 117, 119, 120, 121, 127, 129, 130, 135, 137, 139, 143, 144, 145, 148, 149, 150, 151, 152, 153, 155, 157, 159, 161, 162

Stockfood
U1, U4 klein mitte, S. 8 alle, 10 beide, 11, 12, 15, 17, 19, 20 groß, 37, 40, 45, 54 groß, 65, 75, 93, 96 groß, 107, 123, 125, 132 alle, 141, 147, 157, 164, 165

ISBN 978-3-86362-021-9

Projektleitung, Redaktion und Lektorat: Julia Genazino
Layout und Gestaltung: Christine Paxmann text • konzept • grafik, München

Alle Rezepte dieses Buches wurden mit Sorgfalt zusammengestellt und überprüft.
Eine Garantie kann jedoch nicht übernommen werden.

Printed in Italy 2014

Verlagswebsite: www.d-hverlag.de